国家社会科学基金项目“地方立法权扩容对民族自治地方立法的影响及对策研究”（项目编号：17BMZ004）

恩施州立法研究与人才培养基地研究成果

冉艳辉 著

立法权扩容背景下的地方立法研究

Research on
Local Legislation under the Expansion of
Local Legislative Authority

法律出版社
LAW PRESS·CHINA
北京

图书在版编目(CIP)数据

立法权扩容背景下的地方立法研究 / 冉艳辉著. -- 北京 : 法律出版社, 2022(2024.9 重印)
ISBN 978-7-5197-6810-2

Ⅰ. ①立… Ⅱ. ①冉… Ⅲ. ①地方法规-立法-研究-中国 Ⅳ. ①D927

中国版本图书馆 CIP 数据核字(2022)第 101110 号

立法权扩容背景下的地方立法研究
LIFAQUAN KUORONG BEIJING XIA DE DIFANG LIFA YANJIU

冉艳辉 著

策划编辑 沈小英
责任编辑 沈小英 任 娜
装帧设计 李 瞻

出版发行 法律出版社
编辑统筹 法治与经济出版分社
责任校对 张翼羽
责任印制 吕亚莉
经　　销 新华书店

开本 A5
印张 7.375　**字数** 213 千
版本 2022 年 10 月第 1 版
印次 2024 年 9 月第 2 次印刷
印刷 北京新生代彩印制版有限公司

地址:北京市丰台区莲花池西里 7 号(100073)
网址:www.lawpress.com.cn
投稿邮箱:info@lawpress.com.cn
举报盗版邮箱:jbwq@lawpress.com.cn
销售电话:010-83938349
客服电话:010-83938350
咨询电话:010-63939796

书号:ISBN 978-7-5197-6810-2　**定价**:88.00 元

凡购买本社图书,如有印装错误,我社负责退换。电话:010-83938349

前 言

根据2015年修改的《中华人民共和国立法法》(以下简称《立法法》)、2018年修改的《中华人民共和国宪法》(以下简称《宪法》),原49个较大的市享有的地方性法规制定权扩大至所有设区的市和30个自治州,设区的市与自治州可以对城乡建设与管理、环境保护、历史文化保护等方面的事项制定地方性法规。2023年3月,《立法法》再次修改,将设区的市与自治州制定地方性法规的权限又修改为“城乡建设与管理、生态文明建设、历史文化保护、基层治理等方面的事项”。立法是地方实施社会治理的重要方式,立法权扩容对地方的立法权限和机制产生了重大影响。本书对立法权扩容前后的地方立法状况进行了全面考察,试图系统阐释地方立法机制及立法权的变迁过程及理论基础,以多种立法权并存的自治州为重点考察对象,对立法权扩容后地方立法权的合理配置与规范运行提出对策建议。

首先,本书考察了我国立法权扩容前后地方立法权的运行状况。梳理了新中国成立初期分散式立法体制到当今"一元两级多层次"立法体制的变迁轨迹及促进因素。总结了立法权扩容前地方立法的主要成就与问题,分析了立法权扩容后地方立法机构改革、增设的地方性法规制定程序以及代表性法规文本,发现地方立法机关立法积极性增加,但立法水平还有待提升。同时,立法权扩容后地方立法权配置状况也发生变化。在横向上,地方人大及其常委会之间、自治立法权与地方性法规制定权之间的配置问题凸显出来;在纵向上,设区的市、自治州与上级国家机关在地方性法规审批过程中的权限配置问题也凸显。

其次,为解决上述问题,本书阐释了地方立法权及立法机制的变迁过程及理论基础。关于立法权,一方面,考察了单一制国家结构形式下地方立法权的变迁;另一方面,对自治立法权与地方性法规的性质、规范层面的构成要素及相互之间的关系进行了研究。论证了两种立法权的关系:虽然自治立法权在主体、客体和权限上与地方性法规制定权存在一定程度的重叠,但二者属于不同性质的立法权,从理论上和实际操作中都可以进行明确区分、合理配置。关于立法机制,一方面,论证了地方立法机制的特色与民主性。建议在横向立法机制上,要加强地方人大常委会在立法中的作用。在纵向立法机制上,要将地方立法置于统一多民族国家的法治框架之下进行审视。另一方面,阐释了地方性法规制定机制体现的代议制民主精神及中央与地方的分权状况。认为在横向机制上,同级人大及其常委会之间的地方性法规制定权限从理论上看很难区分,但也不意味着实践中可以随意操作,应结合当地实际,并遵循法定标准。纵向机制上,要认清上级人大常委会审查批准权的法律监督权属性、上下级人民代表大会之间的关系以及相关主体的责任,目前省级人大常委会的审查批准权应当回归法定边界内。同时,还论述了地方立法过程中协商民主机制的基本原理,协商民主与代议制民主从基本原理上看存在差异,二者在立法过程中并行且有机统一。

最后,对立法权扩容后地方立法权的合理配置与规范运行提出了对策建议,并指出了地方立法良性发展的路径。一是要完善地方人大与其常委会之间立法权限的划分机制;二是要完善地方立法的审查与责任承担机制,建立和完善地方与上级国家机关立法争议解决机制,对省级人大常委会全过程控制地方性法规的现象予以矫正。第三方参与是地方立法机制的有益补充,但也需要进一步规范。对于民族自治地方,要实现立法权在地方人大与其常委会之间的合理配置与规范运行,就要结合自治立法权与地方性法规制定权的主体、客体和权限因素,合理配置与规范运用两种立法权并建立起权限划分与争议解决程序。

总之,地方立法权的良性发展对于实现国家法治统一、铸牢中华民族共同体意识、实现民族平等以及推动各民族共同发展具有重要意义。如果将地方立法视为一个结构相对稳定的社会子系统,保持内外诸因素之间的协调发展、实现良性发展,就要使地方不同类型立法权以及不同立法主体之间权限的合理配置,立法机构设置及立法人员素质与当地立法需求相适应,立法程序设置有利于立法权规范、顺畅地行使。同时,保持立法系统对外部社会变迁、社会治理结构及其他因素变化的及时、准确反映,保障社会参与。

目录

引　言

一、问题的提出

根据2015年修改的《立法法》、2018年修改的《宪法》,原49个较大的市享有的地方性法规制定权扩大至所有设区的市和30个自治州,设区的市与自治州可以对城乡建设与管理、环境保护、历史文化保护等方面的事项制定地方性法规。2023年3月,《立法法》再次修改,将设区的市与自治州制定地方性法规的权限又修改为"城乡建设与管理、生态文明建设、历史文化保护、基层治理等方面的事项"。立法是地方实施社会治理的重要方式,立法权扩容对地方的立法权限和机制产生了重大影响。立法权扩容以来,在一定程度上满足了地方经济社会发展的需要,但地方立法权在立法权限的配置和立法机制的设置上尚有一些问题。根据党的十九届四中全会通过的《中共中央关于坚持和完善中国特色社会主义制度　推进国家治理体系和治理能力现代化若干重大问题的决定》,要"完善立法体制机制”,“不断提高立法质量和效率”。那么,如何在维护国家法治统一的前提下,合理配置和规范行使地方立法权,就成为当前亟须解决的问题。因此,本书以“立法权扩容背景下的地方立法研究”为题展开讨论。①

地方立法权的配置问题主要涉及中央与地方的立法权配置(立法权的纵向配置),与地方立法主体之间的立法权配置(立法权的横向配置)。民族自治地方立法与一般地方立法相比具有特殊性,其良性发展对于铸牢中华民族共同体意识、实现民族平等、缩小区域差距、推动各民族共同发展有着重要意义,因此也是本书重点考察的对象。例如,与一般地方相比,民族自治地方还存在自治立法权与地方性法规制定权的合理配置与规范行使问题。促进两种立法权的合理配置与规范行使,才能促进民族自治地方立法的良性发展。而合理配置与规范行使两种立法权的前提,在于明晰自治立法权与地方性法规制定权的属性与权限。

地方立法机制包括地方与上级国家机关之间的审批机制、地方立法机关的组成机制等。地方人大及其常委会长期被“捆绑”在一起授予立法权,相互之间的权限划分并不清晰。地方与上级国家机关之间在地方性法规审查批准过程中也存在权限不清晰的问题。与一般地方相比,民族自治地方的自治立法机制和地方性法规制定机制并存。自治立法权的主体是人民代表大会,但在实践中,民族自治地方的人大常委会也承担着大量的自治立法工作,学界对其是否具有自治立法权主体资格存在

① 需要说明的是,本书在立法权扩容背景下讨论的地方立法,主要是指设区的市、自治州人民代表大会及其常务委员会通过立法程序制定地方性法规,自治州人大制定单行条例的活动。省级人大及政府的立法、特别行政区的立法、设区的市和自治州人民政府制定的规章及其他规范性文件,均不在本书的讨论范围内。

争议。[①] 自治立法不仅是民族自治地方管理当地民族内部事务和当地公共事务的一种方式,还体现了中央与民族自治地方、民族自治地方与上级国家机关之间的利益配置。长期以来,在自治立法中,民族自治地方与上级人民政府、上级人大常委会在立法过程中产生的争议缺乏规范的解决机制。2015 年,地方立法权扩容后,设区的市、自治州建立起地方性法规制定机制,但遗憾的是,《立法法》在 2015 年与 2023 年的两次修改都没有对自治立法机制作出改进和完善。

综上,2015 年地方立法权扩容是我国立法体制发展和变迁过程中的一个重要节点,对地方立法影响巨大。2023 年设区的市、自治州的地方性法规制定权限又得到进一步拓展。立法权扩容有力地促进了地方法规体系的完善和立法机制的发展,但也遗留了一些问题没有解决,甚至还引发了一些新的问题。本书拟对立法权扩容前后的地方立法状况进行对比,找出存在的问题及症结所在,为探索地方立法的良性发展路径而"抛砖引玉"。

二、研究综述

(一)国内相关研究

新中国成立初期学界对地方立法关注较少,比较系统的研究兴起于 1982 年《宪法》和 1984 年《中华人民共和国民族区域自治法》(以下简称《民族区域自治法》)制定前后,2000 年《立法法》制定后,相关研究更为深入,2015 年《立法法》修改、地方立法权扩容后,地方立法权的研究进入新时期。

1. 关于地方立法基础问题的研究

(1)对地方立法概念、特征等的研究

代表性研究如周旺生教授对地方立法内涵和功能的探讨,认为地方

① 参见王允武、田钒平:《关于完善我国民族区域自治地方立法体制的思考》,载《中南民族大学学报(人文社会科学版)》2004 年第 5 期;吉雅:《民族区域自治地方自治立法研究》,法律出版社 2010 年版,第 27 页。

立法具有地方性、复杂性、从属与自主双重性三个特征。[①] 石佑启教授等认为,地方立法具有立法范围的有限性、从属性和多层次性三个特征。[②]

(2)对地方立法权限配置的研究

代表性研究如宋方青等提出了我国地方立法权配置的横向、纵向与内部维度。[③] 孙波教授对中央与地方关系法治化进行了研究。[④] 刘志刚关注中央与地方立法权的划分原理。[⑤] 肖巧平教授等研究了地方人大与其常委会之间的立法权限配置。[⑥] 程庆栋教授对设区的市的立法权限进行了研究。[⑦] 崔卓兰教授等讨论了地方权力机关(人大及其常委会)与行政机关(人民政府)之间的立法权限划分。[⑧]

(3)对地方立法权行使状况的研究

代表性研究如封丽霞教授对地方立法中的形式主义、地方保护主义、"良性违宪"和抵触与冲突现象的研究。[⑨] 庞凌教授指出地方立法中存在政府"主导"立法的问题。[⑩]

---

① 参见周旺生:《立法论》,北京大学出版社1994年版,第277～278页。

② 参见石佑启等:《地方立法学》,高等教育出版社2019年版,第16～18页。

③ 参见宋方青等:《我国地方立法权配置的理论与实践研究》,法律出版社2018年版。

④ 参见孙波:《中央与地方关系法治化研究》,山东人民出版社2013年版,第175页。

⑤ 参见刘志刚:《中央和地方的立法权限划分》,载《哈尔滨工业大学学报(社会科学版)》2016年第4期。

⑥ 参见肖巧平:《地方人大与其常委会立法权限划分研究》,法律出版社2015年版,第55页;庞凌:《论地方人大与其常委会立法权限的合理划分》,载《法学》2014年第9期。

⑦ 参见程庆栋:《论设区的市的立法权:权限范围与权力行使》,载《政治与法律》2015年第8期。

⑧ 参见崔卓兰等:《地方立法实证研究》,知识产权出版社2007年版,第1～4页。

⑨ 参见封丽霞:《中央与地方立法关系法治化研究》,北京大学出版社2008年版。

⑩ 参见庞凌:《论地方人大与其常委会立法权限的合理划分》,载《法学》2014年第9期。

2. 关于立法权扩容对一般地方立法影响的研究

(1)对地方立法权扩容相关理论问题的研究

代表性观点如焦洪昌教授等指出,地方立法权扩容将会对宪法确立的立法体制、法制统一原则和我国的国家结构形式产生重大影响,进而对宪法的监督和实施提出更高的挑战。① 周尚君教授等认为,利用制度革新所带来的巨大激励从纵向、横向两个维度推动地方以立法的形式展开有效竞争,能够克减改革风险。② 秦前红教授等关注到地方的立法需求、部门主导立法、地方保护主义等问题,③建议重塑地方人大常委会和立法的政治过程,让地方立法回归民主。④

(2)对立法权扩容后一般地方立法权的运行状况的研究

代表性研究如郑毅副教授考察了设区的市级地方立法权的改革与实施。⑤ 丁祖年主任等对地方进一步优化立法权限配置提出了建议。⑥ 郑磊教授等建议通过完善释宪机制以配合立法权从较大的市到设区的市的立法体制的调整。⑦ 马英娟教授提出完善监督机制加强程序控制。⑧ 武钦殿教授对解决地方立法的质量、特色、法律责任、公众参与等

---

① 参见焦洪昌等:《地方立法权扩容与国家治理现代化》,载《中共中央党校学报》2014 年第 5 期。

② 参见周尚君等:《制度竞争视角下的地方立法权扩容》,载《法学》2015 年第 11 期。

③ 参见秦前红、刘怡达:《地方立法权主体扩容的风险及其控制》,载《海峡法学》2015 年第 3 期。

④ 参见秦前红、李少文:《地方立法权扩张的因应之策》,载《法学》2015 年第 7 期。

⑤ 参见郑毅:《设区的市级地方立法权的改革与实施》,法律出版社 2020 年版。

⑥ 参见丁祖年、路国连:《对进一步优化立法权限配置的思考》,载《法治研究》2015 年第 2 期。

⑦ 参见郑磊、贾圣真:《从"较大的市"到"设区的市":地方立法主体的扩容与宪法发展》,载《华东政法大学学报》2016 年第 4 期。

⑧ 参见马英娟:《地方立法主体扩容:现实需求与面临挑战》,载《上海师范大学学报(哲学社会科学版)》2015 年第 3 期。

问题提出了建议。[①] 侯宇对完善地方立法双重备案审查机制提出了建议。[②]

3. 关于地方立法权扩容前自治立法状况的研究

(1)对地方立法权扩容前的民族自治地方立法机制的研究

代表性的研究如吴宗金教授对自治条例是否可以规范和约束上级国家机关持不同观点。[③] 沈寿文教授认为,自治条例本身不能创造中央或者上级国家机关对本自治地方的优惠和照顾内容。[④] 关于中央与民族自治地方立法权的配置,代表性观点如戴小明、潘弘祥等教授在复合单一制的国家结构形式之下,提出法治原则、向下倾斜原则和权责对等原则,对强化民族自治地方自治、实现自治立法权的科学配置提出了建议。[⑤] 潘弘祥教授认为,应将行政化的中央与地方权力划分模式转变为立法化的分权模式。[⑥] 关于自治立法的制定主体与报批程序,代表性观点如王允武、田钒平、吉雅等教授基于提高自治立法效率的考虑提出授予民族自治地方人大常委会自治立法权的观点。[⑦] 陈绍凡教授主张,改自治法规的报批制为备案制,理顺单行条例与地方性法规的关系,以及

---

① 参见武钦殿:《地方立法专题研究——以我国设区的市地方立法为视角》,中国法制出版社2018年版。

② 参见侯宇:《地方立法双重备案审查机制研究》,知识产权出版社2021年版,第70页。

③ 参见吴宗金主编:《中国民族区域自治法学》,法律出版社2016年版,第181~185页。

④ 参见沈寿文:《中国民族区域自治制度的性质》,法律出版社2013年版,第247~263页。

⑤ 参见戴小明等:《统一·自治·发展——单一制国家结构与民族区域自治研究》,中国社会科学出版社2014年版,第155~157页。

⑥ 参见潘弘祥:《自治立法的宪政困境及路径选择》,载《中南民族大学学报(人文社会科学版)》2008年第3期。

⑦ 参见王允武、田钒平:《关于完善我国民族区域自治地方立法体制的思考》,载《中南民族大学学报(人文社会科学版)》2004年第5期;吉雅:《民族区域自治地方自治立法研究》,法律出版社2010年版,第27页。

取消变通、补充规定这两种立法形式。① 彭建军教授研究了自治立法的报批程序,认为自治区制定自治条例的立法权更应是一种中央与地方共有的立法权。②

(2)对地方立法权扩容前民族自治地方立法状况的研究

关于民族自治地方立法的总体状况,代表性观点如张文山、田钒平等教授在相关著述中认为,通过对《民族区域自治法》进行配套立法才能更好地保障自治立法。③ 敖俊德教授指出,民族自治地方享有法律明确规定的、根据当地民族特点和实际情况可以变通的立法权,民族自治地方的自治立法权与地方性法规制定权存在差别。④ 在自治区自治条例的问题上,毛公宁教授指出,经济权益是自治区自治条例提出的需要重点解决的核心问题。⑤ 宋才发教授指出,制定自治区自治条例必须遵循法定原则,并从立法内容、程序和监督制度等方面提出了建议。⑥ 潘红祥教授、郑毅副教授在相关著述中指出了自治区自治条例出台的困境。⑦ 在自治州自治条例方面,黄元姗教授认为,自治立法事项界限不明,如有关国防、财政转移支付,下辖自治县、村委会干部等问题不属于

① 参见陈绍凡:《我国民族自治地方立法若干问题新探》,载《民族研究》2005年第1期。

② 参见彭建军:《自治区自治条例所涉自治立法权问题研究》,载《民族研究》2015年第2期。

③ 参见张文山:《突破传统思维的瓶颈——民族区域自治法配套立法问题研究》,法律出版社2007年版;田钒平:《〈民族区域自治法〉配套立法探讨》,载《民族研究》2015年第2期。

④ 参见敖俊德:《论民族自治地方立法在我国立法体制中的地位》,载《西南民族大学学报(人文社会科学版)》2003年第6期。

⑤ 参见毛公宁:《关于制定自治区自治条例的难点及对策》,载《民族团结》1994年第9期。

⑥ 参见宋才发:《自治区的立法自治权及自治条例问题研究》,载《民族研究》2007年第4期。

⑦ 参见潘红祥:《自治区自治条例出台难的原因分析及对策》,载《北方民族大学学报(哲学社会科学版)》2009年第3期;郑毅:《驳"以自治区单行条例替代自治条例"论——兼议自治区自治条例的困境与对策》,载《广西民族研究》2014年第3期。

自治立法事项。①李宝奇教授认为，自治条例一定要有法律责任的规定。②关于单行条例，学者刘锦森、熊文钊、洪伟、吴大华、李继扬、王允武、廖燕萍指出，民族自治地方单行条例主体范围受限、效力等级不明以及程序不科学。③

4. 关于地方立法权扩容后自治立法状况的研究

(1) 对自治条例、单行条例及其实施状况的研究

代表性的研究如学者李淮、郭丽萍对自治条例、单行条例立法现状的研究。④张殿军教授指出，中央与民族自治地方、上级国家机关与下级民族自治地方之间的权力、利益关系对自治立法内容构成制约，条块体制使上级行政机关对下级自治地方的自治立法影响巨大，只有协调好府际关系，才能完善民族自治地方自治立法。⑤

(2) 对地方立法权扩容后自治立法与地方性法规之间关系的研究

代表性观点如沈寿文教授认为，民族区域自治立法权本质上是国家赋予民族自治地方的一项一般地方所没有的“优惠照顾”权力，非要划分

---

① 参见黄元姗：《民族区域自治制度的发展与完善：自治州自治条例研究》，中国社会科学出版社2014年版，第89页。

② 参见李宝奇：《关于延边朝鲜族自治州自治条例修改的探讨》，载《延边大学学报（社会科学版）》2000年第2期。

③ 参见刘锦森：《刍议民族自治地方单行条例项目的确定》，载《人大研究》2004年第3期；熊文钊、洪伟：《试论单行条例及其变通规定的制定》，载《西北民族大学学报（哲学社会科学版）》2013年第3期；吴大华、李继扬：《论民族自治地方单行条例的完善——以〈××省××自治县摩梭人民俗文化保护条例〉（草案）的制定为例》，载《中南民族大学学报（人文社会科学版）》2015年第1期；王允武、廖燕萍：《民族自治地方单行条例立法检视——以近三年为样本》，载《西北民族大学学报（哲学社会科学版）》2015年第3期。

④ 参见李淮：《自治立法权的行使现状及对策研究——以广西12个自治县自治条例为分析视角》，载《广西民族研究》2017年第5期；郭丽萍：《民族自治地方自治法规司法适用的实证考察——以106份裁判文书为分析样本》，载《民族研究》2016年第5期。

⑤ 参见张殿军：《府际关系视野下的民族自治地方自治立法》，载《云南社会科学》2019年第6期。

民族区域自治立法的“专属领地”并不可取。[①] 郑毅副教授认为，自治州获得地方性法规制定权后自治立法权在适用范围上出现萎缩，恰恰是《立法法》对自治州单行条例长期以来越位立法问题的“拨乱反正”。[②] 雷伟红副教授认为，在两种立法权的共同领域，需要变通的通过自治立法，不需要变通的制定地方性法规。[③] 潘红祥教授认为，只有民族自治地方聚居少数民族独有的政治、经济和文化事务才属于自治立法的事项范围。[④]

（二）国外相关研究

地方立法是各国共同面临的问题，国外学者的研究主要从以下方面展开。

1. 对立法权、国家与地方立法权限划分的理论基础的研究

代表性的著述如英国学者密尔对代议制政府的基本原理进行了研究。[⑤] 美国学者科恩对民主制的基本原理进行了研究。[⑥] 奥地利学者凯尔森对法与国家的一般理论进行了研究。[⑦] 英国学者边沁从功利主义出发，研究了立法的基本原理。[⑧] 英国学者哈耶克对立法与自由的基本

---

① 参见沈寿文：《民族区域自治立法权与一般地方立法权的关系——以“优惠照顾理论”范式为视角》，载《广西民族研究》2016 年第 3 期。

② 参见郑毅：《〈立法法〉修改后自治州一般地方立法权与自治立法权关系研究》，载《法学评论》2018 年第 4 期。

③ 参见雷伟红：《论民族自治地方自治法规立法权与地方性法规立法权的协调》，载《中南民族大学学报(人文社会科学版)》2018 年第 4 期。

④ 参见潘红祥：《论民族自治地方自治立法权和地方立法权的科学界分》，载《法学评论》2019 年第 3 期。

⑤ 参见［英］J. S. 密尔：《代议制政府》，汪瑄译，商务印书馆 1982 年版。

⑥ 参见［美］科恩：《论民主》，聂崇信、朱秀贤译，商务印书馆 1988 年版。

⑦ 参见［奥］凯尔森：《法与国家的一般理论》，沈宗灵译，中国大百科全书出版社 1996 年版。

⑧ 参见［英］边沁：《道德与立法原理导论》，时殷弘译，商务印书馆 2000 年版。

原理进行了研究。[①] 德国学者哈贝马斯的相关研究探讨了协商民主的理论。[②] 美国学者杰里米·沃尔德伦对代议制下立法的正当性进行了研究。[③]

2. 对自治地方立法体制相关问题的研究

例如,瑞典学者埃里克·阿姆纳、斯蒂格·蒙丁对20世纪70年代中后期以来的单一制国家进行了研究,认为英国、日本、匈牙利、西班牙、瑞典、挪威等单一制国家通过创设地方自治,由"中央集权型"逐渐走向"地方分权型",自治立法权也发生了变化。[④] 加拿大学者乔治·安德森对联邦制国家联邦政府与成员政府之间的权限划分进行了研究,认为在一定程度上可为单一制国家提供借鉴。[⑤]

3. 对代表性民族自治地方立法权运行状况的研究

例如,乔治·伍德曼研究了英国议会如何通过对地方性立法的批准或者备案程序,实现对北爱尔兰的控制。[⑥] 汉斯·彼得·格拉弗等对挪威萨米人的立法权限进行了研究。[⑦] 加拿大的威尔·金利卡提出立法

---

① 参见[英]弗里德利希·冯·哈耶克:《法律、立法与自由》(第1卷),邓正来等译,中国大百科全书出版社2000年版。

② 参见[德]哈贝马斯:《在事实与规范之间:关于法律和民主法治国的商谈理论》,童世骏译,生活·读书·新知三联书店2003年版。

③ 参见[美]杰里米·沃尔德伦:《立法的尊严》,徐向东译,华东师范大学出版社2019年版。

④ 参见[瑞典]埃里克·阿姆纳、[瑞典]斯蒂格·蒙丁主编:《趋向地方自治的新理念?——比较视角下的新近地方政府立法》,杨立华等译,北京大学出版社2005年版。

⑤ 参见[加]乔治·安德森:《联邦制导论》,田飞龙译,中国法制出版社2009年版,第124~128页。

⑥ See Gorge Woodman, *The Legislative Process in the Northern Ireland Assembly*, 1 Legal Information Management 43(2001).

⑦ See Hans Peter Graver, Geir Ulfstein, *The Sami People's Right to Land in Norway*, 4 International Journal on Minority and Group Rights 377(2004).

上应当对少数群体进行差别对待。①

上述国内外研究成果,对认识和运用地方立法权提供了借鉴,但是当前的研究对2015年以后立法权扩容对地方立法产生的影响回应性尚有不足。对于如何在国家法治统一的前提下保障地方立法权充分行使,目前学术界的研究还远远不够,对地方立法机关面临的困惑回应不足。同时,学术界对新时期地方立法权的基础理论关注不够,在立法权扩容后,地方立法权配置状况与立法机制都发生了巨大变化的情形下,原有理论对新问题的解释力不足。具体说来,至少还有以下问题需要深入研究:(1)立法权扩容对地方与上级国家机关之间、地方内部各主体之间立法权配置的影响;(2)地方立法机制在地方立法权扩容后发生的变化;(3)地方立法权基础理论在立法权扩容后面临的挑战;(4)自治立法权与地方性法规制定权在立法权扩容后的实际运行状况;(5)地方立法权在立法权扩容后的合理配置与规范运行路径。综上,本书拟通过研究立法权扩容对地方立法的影响,考察地方立法权运行过程中存在的问题,提炼具有解释力的理论分析工具,阐释地方立法权运行的基本原理,为其良性发展提供思路。

三、理论分析框架

研究立法权扩容对地方立法的影响,不仅涉及规范本身,还涉及规范所产生的社会效果,也即对立法权扩容相关规范在所有设区的市、自治州实施状况的评估,需要构建适当的分析框架和评价标准。

(一)利益分析框架的选择

如果将地方立法权扩容相关规范或规范构成的制度视为一项公共政策,该项政策的调整对象就是立法领域所有参与主体之间的关系。对公共政策的分析可以借助很多理论模型与框架,选择不同的要素和变

---

① 参见[加]威尔·金利卡:《多元文化的公民身份——一种自由主义的少数群体权利理论》,马莉、张昌耀译,中央民族大学出版社2009年版,第1~12页。

量，但本书认为，利益才是公共政策分析中最为核心的要素，因为“每一既定的社会经济关系首先表现为利益”①。立法是国家对社会利益进行调整的一种权威方式。社会利益的配置方式在法律中以法定权力或者权利的形式表现出来。《宪法》《立法法》对地方立法权的调整，实质上就是对中央与地方各立法参与主体之间利益关系的调整。对立法规范或制度的研究，实质上就是对其所涉利益关系的研究。② 因此，在诸多理论分析框架中，本书选择了利益分析框架。

在利益分析框架中，对一项公共政策实施效果的分析，既包括事实层面的分析，也包括价值层面的分析。在事实层面，主要解决分配什么利益、向谁分配利益、如何分配利益、利益分配的效果如何等问题；在价值层面，主要解决利益分配的正当性问题，即利益分配是否符合或增进了正义、自由、效率、社会可持续发展等为人们普遍接受的价值标准。法律规范本身就是事实与价值的统一，因此，利益分析框架十分适合对法律规范进行分析。具体到地方的立法权，在事实层面，由于所涉主体关系比较复杂，既包括地方与上级国家机关的关系，也包括地方的党委、人大、政府、专家学者、社会公众等立法参与主体之间的关系，因此，利益类型与利益分配机制也呈现多元化和复杂化的特点。在价值层面，地方立法权体现的是我国这个统一的多民族国家对实现国家统一、人民民主、民族平等、公民权利等价值的追求，因此，对地方立法权相关利益配置方案的评判也要以上述价值为标准。

（二）评价标准的建构

本书致力于对立法权扩容前后地方立法权运行状况进行研究，以揭

---

① 《马克思恩格斯选集》（第3卷），中共中央马克思恩格斯列宁斯大林著作编译局编译，人民出版社1995年版，第209页。

② “某种制度安排，其实质就是各利益群体之间的利益分配处于相对均衡的状态；制度变迁的实质就是谋求利益再分配的新形式；制度创新的内涵就是谋求利益分配方案的优化。”参见陈庆云主编：《公共政策分析》，北京大学出版社2011年版，第249页。

示立法权扩容对地方立法产生的影响,实质上也是对地方立法权扩容这项制度变革的效果作出判断。人类社会的每项制度或公共政策的产生与调整都会涉及复杂的利益关系,因此,实践中对公共政策所涉利益分配方案并没有统一的评价标准。学界对公共政策评价标准的看法也不统一,比较有代表性的是美国学者威廉·N.邓恩提出的评价标准,详细指标见表引-1。①

表引-1　威廉·N.邓恩的公共政策评价标准

标准	问题	说明性指标
效益	结果是否有价值	服务的单位数
效率	为得到这个有价值的结果付出了多大代价	单位成本;净利益、成本收益比
充足性	这个有价值的结果的完成在多大程度上解决了目标问题	固定成本;固定收益
公平性	成本和收益在不同集团之间是否等量分配	帕累托原则;卡尔多-希克斯准则;罗尔斯准则
回应性	政策运行结果是否符合特定集团的需要、偏好或价值观念	与民意测验的一致性
适宜性	所需结果(目标)是否真正有价值或值得去做	公共计划应该兼顾效率与公平

上述六项标准虽然各自对应着不同的问题,却是事实与价值判断的有机结合。从上述六项标准的说明性指标看:效益、效率、充足性侧重于事实层面的判断,考察政策目标的实现程度;公平性、回应性和适宜性则侧重于价值层面的判断,既考察政策与政策目标的回应性与适宜性,又

① 参见[美]威廉·N.邓恩:《公共政策分析导论》(第2版),谢明等译,中国人民大学出版社2002年版,第437页。

考察政策本身的公平性(合理性)。

要探讨立法权扩容对地方立法权的影响,基本思路当然是对扩容前与扩容后立法权的行使状况进行对比。根据《宪法》与相关法律规定,地方立法权扩容的总体目标主要是在中央的统一领导下,充分发挥地方的积极性和主动性,同时完善立法体制机制,发挥立法的引领和推动作用,因地制宜地实现更为优化的治理;①在民族自治地方,除上述目标之外,还要继续坚持和完善民族区域自治制度、促进自治权的充分行使。因此,对上述总体目标的回应性、适宜性与其实现程度,是评判立法权扩容对地方立法产生的影响的主要标准。同时,地方立法权所涉利益主体复杂,立法权的行使结果体现了各主体的利益追求所形成的"合力",但是单个主体所追求的利益的"方向"并不一致,因此利益配置的公平性(合理性)就成为一个重要的问题。例如,民族自治地方与其上级国家机关之间,在立法过程中必然存在利益博弈,尤其是涉及立法变通之时。地方党委、人大、政府以及其他立法参与主体之间,利益追求也存在张力,地方党委、人大从当地全局出发考虑问题,政府部门或许更为看重部门利益,而由公民组成的不同群体之间更是存在利益差异。将上述不同方向的"力"形成"合力",就是制度设计的初衷和目的。

综上,本书对立法权扩容对地方立法的影响的评价标准,也建立在事实和价值判断两个层面,具体指标见表引-2。

表引-2　立法权扩容对地方立法的影响的评价标准

考察对象	事实层面的标准	价值判断层面的标准
立法状况	数量的增减、内容的变化、实施效果的变化等	相关规范的合法性、民主性、科学性、实效性、回应性等

① 参见全国人大常委会法制工作委员会国家法室编著:《中华人民共和国立法法释义》,法律出版社2015年版,第4页。

续表

考察对象	事实层面的标准	价值判断层面的标准
立法权	立法权限、享有立法权的主体、立法权之间的关系等发生的变化	立法权限配置的合法性、合理性、科学性等
立法机制	立法机制的有无、发挥作用的变化等	立法机制体现出的分权程度的合理性、民主性等

事实层面的标准，即在对地方立法权行使状况进行全面描述的基础上，评判相关立法、立法权及立法机制具体情况的标准。具体包括：第一，立法状况。考察地方的立法状况，既包括总体意义上的立法数量、立法权选择偏好等，还包括对规范文本的考察：一方面是体例，即标题、目录、序言、正文、附录，或者卷、编、章、节、条、款、项、目等，另一方面是主要内容。① 考察标准包括立法权扩容前后地方立法数量的增减、立法内容的变化、实施效果的变化等。第二，立法权。考察地方立法权限、立法权主体、不同类型立法权之间的关系等在地方立法权扩容前后发生的变化。第三，立法机制。考察地方立法机制在地方立法权扩容前后的建立、完善情况及其发挥作用的变化情况。

价值层面的标准，包括对地方立法权行使状况与其应当实现的目标之间的回应性、立法权相关制度的正当性这两个层面进行评判的标准。第一，立法状况。主要考察相关规范内容的合法性、民主性、科学性、实效性以及对立法目的的回应性。第二，立法权。考察不同类型立法以及不同立法主体之间的立法权限配置状况，主要包括立法权扩容前后地方

① 有学者对规范的基本要素归纳如下：第一，从立法所涉及的内容或所调整的社会关系来看，包括刑事、民事、行政、经济、民主政治等领域的规范；第二，从立法所规范的主体及其行为来看，包括公民行为、社会组织行为、政府行为的规范；第三，从法的运行来看，包括对立法活动、执法活动、司法活动的规范；第四，从法的功能来看，包括管理性立法与监督性立法、实体性立法与程序性立法等；第五，从法的效力和属性来看，包括中央立法、地方立法、权力机关立法、行政机关立法、自主性立法、从属性立法等。参见汪永清：《立法结构均衡问题初探》，载《中国法学》1990 年第 4 期。

与上级国家机关之间、地方各立法参与主体之间以及民族自治地方自治立法与地方性法规制定之间立法权的配置等。主要评价标准为合法性、合理性与科学性。第三,立法机制。主要考察地方立法权扩容对宪法及相关法律确立的相关价值的回应性。例如,是否有利于单一制国家结构形式下地方积极性和主动性的发挥、是否有利于民族区域自治制度的落实、是否有利于代议制民主及协商民主制下的立法机制的完善等。主要评价标准为立法机制体现出的分权程度合理性、民主性等。

在上述评价标准中,事实层面的考量是对立法权扩容至地方相关规范进行评价的一个方面,也是进行价值评判的事实依据;价值层面的判断标准,既是评判相关规范合理性的标准,也是指导相关规范修正与完善的标准,因此也构成本书讨论地方立法权的理论基础。

四、主要内容

本书主要对立法权扩容对地方立法的影响进行研究,既包括对立法权实际运行状况的考察,也包括对立法权配置状况及立法机制的研究。结合前述理论分析框架和评价标准,全书分为六个部分。

1. 立法权扩容与地方立法概述

首先,对从1949年以来立法体制的变迁轨迹及促进因素进行考察。1949年的《中国人民政治协商会议共同纲领》(以下简称《共同纲领》)及相关法律规范建立起了中央与地方分散式立法体制。1954年《宪法》收回了地方的立法权,但在中央与民族自治地方保持了两级立法体制。1979年的《中华人民共和国地方各级人民代表大会和地方各级人民政府组织法》(以下简称《地方组织法》)授权省级人大及其常委会制定地方性法规。1982年《宪法》将立法体制正式变成"中央和地方两级立法体制"。随后地方立法权不断扩容,直到2015年《立法法》修改、2018年《宪法》修改,形成当今"一元两级多层次"的立法体制。民族自治地方自治立法体制独具特色,在立法权享有主体、立法权限和立法程序上,与一般地方立法相比都存在差异。总结新中国成立以来促进立法权变迁的主要因素,包括政权建构与地方治理的需要、国家统一与民族团结的需要、改革开放与良法善治的需要。其次,结合一般地方立法和民族自治地方立法,考察立法权扩容前的地方立法机制。此处主要考察地方立法的全过程以及地方与上级国家机关之间在立法过程中的博弈机制。再次,考察地方立法权扩容之前设区的市、自治州的立法状况。对于一般地方立法,在立法权的配置上,地方人大常委会在立法中发挥了重要作用,但地方人大的立法作用还有待加强。在立法内容上,存在大量重复上位法或其他地区法规、规章的现象,具有地方特色的立法较少,制度设计的创新度和地域匹配度不高,地方立法内容的科学性还有待提高。在30个自治州中,已经有25个自治州制定了自治条例。除新疆维吾尔自治区6个自治县外,114个自治县都制定了自治条例。单行条例数量多、内容丰富。最后,以自治立法为例总结立法权扩容前地方立法的主要成就与问题。民族自治地方法规体系已基本形成,立法保障了民族自治地方公民包括少数民族公民的民主政治权利,保障了自治地方经济的发展、环境保护、自然资源的开发以及文化教育的发展。但是,有些自治立法权主体的相关规定与民族自治地方自治立法的实际不符,自治立法程序设计不甚合理且缺乏规范的争议解决机制。另外,对自治权及其权限的认识不到位也导致了自治立法内容上的诸多问题。例如,自治条例的宣示性规范较多、可操作性还不够强、法律责任的规定仍缺乏。单行条例与自治条例也存在类似问题。

2. 立法权扩容对地方立法的影响

首先,地方立法机制发生了变化。各省级人大常委会综合考虑设区的市、自治州社会实际状况和能力,确定其开始行使地方性法规制定权的时间。各设区的市、自治州也进行了立法机构改革,增设专门的立法审议机构和工作机构。地方性法规的审查批准程序也建立了起来。为提高设区的市、自治州的立法质量,省级人大常委会的审批权在实践中贯穿了地方性法规立法计划制定,法规案起草与审议、报请批准的全过程。其次,地方立法权行使状况发生了变化。一方面,从 2016 年开始,各设区的市、自治州陆续制定或修订立法条例。但存在地方立法条例内容的趋同问题导致其为立法权的合理配置与规范行使提供指引不足。另一方面,地方立法的积极性大大增加。从自治州的立法偏好上看,其总体上偏好于制定地方性法规。分析导致上述立法偏好的诸多因素,立法体制的变化是一个重要因素。最后,立法权扩容导致了地方立法权配置状况的变化。在横向上,地方人大及其常委会之间的立法权限划分问题凸显出来。同时,从自治州的立法偏好也能看出,地方性法规制定权与自治立法权之间的配置也存在问题。地方人大主导立法的原则也有待进一步加强和规范。在立法权的纵向配置上,自治立法的审批程序趋于严格。省级人大常委会对设区的市、自治州地方性法规的审查批准权在实践中,对地方性法规制定的全过程控制,不仅压缩了地方性法规制定权的空间,也让省级人大常委会自身的工作量明显增加。

3. 地方立法机制的变迁及其理论基础

首先,研究了地方性法规制定相关机制的变迁及理论基础。设区的市、自治州的地方性法规制定权在权力属性、行使主体和程序上都没有差别,而且都体现了代议制民主的精神和中央与地方的分权状况。从横向机制上看,虽然《立法法》规定,“规定本行政区域特别重大事项的地方性法规,应当由人民代表大会通过”,但是,“特别重大事项”这个标准十分抽象,同级人大及其常委会之间的地方性法规制定权限从理论上很难划分,但并不意味着实践中可以随意操作,应当结合当地实际,遵循一些法定的配置依据、合理的配置标准。纵向机制上,省级人大常委会对设区的市、自治州的地方性法规审查批准机制具有代表性。必须从理论上澄清省级人大常委会审批权的法律监督权属性、上下级人民代表大会之间的关系以及相关主体的责任,省级人大常委会的审查批准权才能回归法定边界内。其次,研究了自治立法机制的变迁及理论基础。在自治权来源的诸多学说中,“权力让与说”更符合我国民族自治地方自治立法权的实际。自治立法机关是民族自治地方人民代表大会,其产生、组成与运行都体现了代议制民主的基本原理,其同时也是自治地方聚居少数民族管理本民族内部事务和当地各民族管理公共事务的机关。在横向立法机制上,民族自治地方人大常委会不具有自治立法机关资格,这给自治立法工作的开展和民族自治立法的理论研究都提出了一个难题。在加强其合理性以及民主性的前提下,可以授予人大常委会在人大闭会期间行使自治权包括进行自治立法的权力。在纵向机制上,民族自治地方与上级国家机关的关系不同于一般地方,不能简单套用一般意义上的法律位阶或中央与地方关系的理论框架探讨民族自治地方自治立法的效力。民族自治地方自治立法机关与上级国家机关在自治立法过程中的利益博弈缺乏规范依据和争议解决机制的问题,地方立法权扩容后需要进一步解决。最后,研究了地方立法过程中协商民主机制的基本原理。协商民主与代议制民主从基本原理上看存在差异,二者在立法过程中并行且有机统一。此处阐释了立法协商需要遵循的民族自治地方党委领导立法协商工作、人大主导立法协商过程、立法协商参与者享有平等对话的权利等程序性原则,同时探讨了立法协商实质性原则的道德性、多样性与暂时性,为立法协商机制的发展和完善提供了理论依据。

4. 地方立法权的变迁及其理论基础

一方面,考察单一制国家结构形式下地方立法权的变迁。地方性法规制定权与自治立法权都体现了单一制国家结构形式下中央与地方的关系。国家权力的纵向配置往往面临一个“度”的问题。这个“度”取决于立宪者对国家结构形式所作的基本判断,还取决于国家在不同发展阶段的政治实际。一旦超越权力配置的“度”,即过分的中央集权或地方分权,或者中央与地方权力配置严重不合理,不仅有违宪的嫌疑,还会危及国家的统一或者损害国家各组成部分的权益。一国中央与地方立法权的配置,就是权力配置的“度”的具体体现之一。因此,要理解地方立法权的配置及其变迁,必须将其置于一国的国家结构形式之下,理解一国中央与地方关系的变化。另一方面,对地方性法规制定权与自治立法权的性质、规范层面的构成要素及相互之间的关系进行研究。在影响民族自治地方立法权选择的诸多因素中,对两种立法权权限界分的认识不足是一个重要因素。此处对原初意义上的基于民族身份的少数民族自治权与转化到规范层面后民族和区域因素结合的民族自治地方自治权进行阐释,认为民族自治地方自治权的归属主体与行使主体都是自治地方的所有民族。行使民族自治地方自治立法权的主体是民族自治地方人民代表大会,自治立法权的客体包括自治地方少数民族的"本民族内部事务"和本地方公共事务,两方面客体不能相互吸收,自治立法在权限上可以实施变通。虽然自治立法权在主体、客体和权限上与地方性法规制定权存在一定程度的重叠,但二者属于不同性质的立法权,从理论上和实际操作中都可以进行明确区分、合理配置。

5. 立法权扩容后地方立法权的合理配置与规范运行

首先,立法权在地方人大与其常委会之间的合理配置与规范运行。一是结合自治立法权与地方性法规制定权的主体、客体和权限因素,合理配置与规范运用两种立法权。在立法条例中建立起自治立法权与地方性法规制定权划分程序、两种立法权选择的争议解决程序。二是完善地方人大与其常委会之间立法权限的划分机制。在自治立法权方面,人大常委会有地方性法规制定权,却没有自治立法权,从一定程度上说明了自治立法权相关规范与立法实践存在脱节。未来需要修改《宪法》《民族区域自治法》关于自治机关的规定,授予民族自治地方人大常委会自治立法权,并将当前自治立法实践中民族自治地方人大常委会实际行使的权力合法化。对于地方性法规,可以通过全国人大常委会对《立法法》等相关法律的解释、省级人大常委会对立法工作合法性的审查或指导、各地在立法条例中规定具有操作性的立法权限划分标准或程序等方式完善。其次,完善地方立法的审查与责任承担机制。一是建立和完善地方与上级国家机关的立法争议解决机制。二是省级人大常委会对地方性法规的全过程控制现象必须结合法定的审查批准权界限予以纠正，同时建议有权机关通过立法或权威解释，明确省级人大常委会合法性审查标准和责任承担问题。最后，对目前已构成地方立法机制有益补充的委托第三方参与机制进行讨论。对立法过程委托第三方与公民参与的关系、与民主立法的关系以及第三方参与的过程控制与法律责任问题进行阐释，提出委托第三方参与地方立法的规范化路径。

6. 立法权扩容后地方立法的发展路径

地方立法是一个结构相对稳定的社会子系统，内外诸因素之间要协调发展。要保持系统内部各因素的协调，就要实现地方不同类型的立法权以及不同立法主体之间权限的合理配置，立法机构设置及立法人员素质与当地立法需求相适应，立法程序设置有利于立法权规范、顺畅地行使。同时，要保持系统对外部社会变迁、社会治理结构及其他因素变化的及时、准确反映，就必须保持立法系统的开放性，保障社会参与。

第一章　立法权扩容与地方立法概述

第一节　地方立法权扩容概述

立法制度是立法活动、立法过程中所须遵循的各种实体性准则的总称，是国家法制的重要组成部分。① 地方立法权扩容是立法体制变化的一种表现形式。立法体制是立法权、立法权运行和立法权载体等构成的有机整体。② 2015年，地方立法权扩容是我国立法体制变迁的一个重要节点，对1949年以来立法体制的概况进行梳理，是探讨地方立法权扩容前后立法权配置及立法机制运行状况的背景

① 参见周旺生：《立法学》，法律出版社2009年版，第143页。

② 参见周旺生：《立法学》，法律出版社2009年版，第145页。

和前提。

一、我国的立法体制概况

(一)我国立法体制的建立与发展

我国的立法体制随着社会的发展而发展。初期,建立起了中央与地方分散式的立法体制。这一分散式立法体制是为了适应中华人民共和国成立初期革命和建设的需要。民族自治地方也采取了上述分散式立法体制。[①] 中央与地方分散式立法体制在1954年《宪法》颁布后发生改变。1954年《宪法》第22条规定,全国人民代表大会是"行使国家立法权的唯一机关",根据第27条和第31条的规定,全国人民代表大会制定法律,全国人大常委会则只有权解释法律和制定"法令"。1955年和1959年全国人大分别授权全国人大常委会制定和修改法律。[②] 根据1954年《宪法》第60条的规定,地方各级人大只能通过和发布决议,没有立法权。对于民族自治地方,1954年《宪法》保留了其自治立法权,[③] 取消了层报上两级人民政府核准的立法程序规定。可见,在这一时期,中央与民族自治地方仍然保持了两级立法体制,其他地方的立法权均收归中央。

1979年的《中华人民共和国地方各级人民代表大会和地方各级人

---

① 1952年的《中华人民共和国民族区域自治实施纲要》(以下简称《民族区域自治实施纲要》)第23条规定:"各民族自治区自治机关在中央人民政府和上级人民政府法令所规定的范围内,依其自治权限,得制定本自治区单行法规,层报上两级人民政府核准。凡经各级地方人民政府核准的各民族自治区单行法规,均须层报中央人民政府政务院备案。"同年《政务院关于地方民族民主联合政府实施办法的决定》规定,民主联合政府在"中央人民政府和上级人民政府法令所规定的范围内"制定适合各民族实际情况的单行法规,并要求在层报上两级政府核准后再层报政务院备案。

② 参见乔晓阳主编:《〈中华人民共和国立法法〉导读与释义》,中国民主法制出版社2015年版,第24页。

③ 根据1954年《宪法》第70条第4款的规定,自治区、自治州、自治县的自治机关可以依照当地民族的政治、经济和文化的特点,制定自治条例和单行条例,报请全国人民代表大会常务委员会批准。

民政府组织法》(以下简称《地方组织法》)授权省级人大及其常委会制定地方性法规,1982年《宪法》修改后再次予以确认,我国的立法体制正式变成"中央和地方两级立法体制"。由于改革开放和经济体制改革的深入,国务院在拥有规章制定权的基础上,还分别于1984年、1985年被全国人大授权在实施国营企业利改税改革和工商税制改革中拟定有关税收条例,在有关经济体制改革和对外开放方面制定暂行规定或者条例。1986年《地方组织法》再次修改,授权省会市和经国务院批准的较大的市的人大及其常委会制定地方性法规。2015年《立法法》修改,所有设区的市和自治州的人大及其常委会获得地方性法规制定权。2018年,《宪法》对《立法法》授权设区的市和自治州制定地方性法规的规定予以确认。2023年,《立法法》再次修改,设区的市和自治州地方性法规制定权限有了一定拓展。由此,中央一级的立法主体更为多元化,中央与地方原来的两级立法体制在地方层面进一步分化,形成"一元两级多层次"的立法体制。新中国成立以来立法权的变迁过程详见表1-1。

表1-1 新中国成立以来立法权的变迁过程

时间	授权方式	授权对象	授权内容
1949年、1950年	《大行政区人民政府委员会组织通则》《省市县人民政府组织通则》	大行政区人民政府委员会	拟定暂行法令条例
		省、市人民政府委员会	暂行法令条例
		县人民政府委员会	单行法规
1952年	《民族区域自治实施纲要》	民族自治区自治机关	制定单行法规
1954年	《宪法》	全国人大	制定法律
		自治区、自治州、自治县自治机关	制定自治条例、单行条例

续表

<table>
<tr><th>时间</th><th>授权方式</th><th>授权对象</th><th>授权内容</th></tr>
<tr><td>1955 年</td><td>全国人大决定</td><td>全国人大常委会</td><td>制定法律</td></tr>
<tr><td>1959 年</td><td>全国人大决定</td><td>全国人大常委会</td><td>修改全国人大的法律</td></tr>
<tr><td>1979 年</td><td>《地方组织法》</td><td>省级人大及其常委会</td><td>制定地方性法规</td></tr>
<tr><td rowspan="2">1982 年</td><td rowspan="2">《宪法》</td><td>国务院</td><td>制定行政法规</td></tr>
<tr><td>国务院部、委</td><td>制定规章</td></tr>
<tr><td>1984 年</td><td>全国人大决定</td><td>国务院</td><td>拟定有关税收条例(实施国营企业利改税和工商税制的改革)</td></tr>
<tr><td>1985 年</td><td>全国人大决定</td><td>国务院</td><td>制定暂行的规定或者条例(有关经济体制改革和对外开放方面)</td></tr>
<tr><td rowspan="2">1986 年</td><td rowspan="2">《地方组织法》修订</td><td>省会市和较大的市人大及其常委会</td><td>制定地方性法规</td></tr>
<tr><td>省会市和较大的市人民政府</td><td>制定行政规章</td></tr>
<tr><td rowspan="2">1988 年、1992 年、1994 年、1996 年</td><td rowspan="2">全国人大决定,或者全国人大授权全国人大常委会决定</td><td>海南省以及深圳、厦门、汕头和珠海四市的人大及其常委会</td><td>制定法规(遵循宪法的规定以及法律和行政法规的基本原则,在各自的经济特区实施)</td></tr>
<tr><td>深圳、厦门、汕头和珠海四市的人民政府</td><td>制定规章(在各自的经济特区组织实施)</td></tr>
<tr><td>2000 年</td><td>《立法法》</td><td>国务院具有行政管理职能的直属机构</td><td>制定规章</td></tr>
</table>

续表

时间	授权方式	授权对象	授权内容
2015 年	《立法法》修订	全国人大及其常委会	制定有关税种的设立、税率的确定和税收征收管理等税收基本制度的法律
2015 年、2018 年	《立法法》修订、《宪法》修订	所有设区的市、自治州人大及其常委会	制定地方性法规（城乡建设与管理、环境保护、历史文化保护等方面）
		所有设区的市、自治州人民政府	制定规章（城乡建设与管理、环境保护、历史文化保护等方面）
2023 年	《立法法》修订	所有设区的市、自治州人大及其常委会	制定地方性法规（城乡建设与管理、生态文明建设、历史文化保护、基层治理等方面）
		所有设区的市、自治州人民政府	制定规章（城乡建设与管理、生态文明建设、历史文化保护、基层治理等方面）

（二）民族自治地方的立法权

民族自治地方立法权的发展历程与一般地方相比稍有差异。新中国成立以来，民族自治地方行使自治立法权已有 70 多年历史，积累了深厚的经验。5 个自治区自 1979 年《地方组织法》颁布开始行使地方性法规制定权，也有 40 多年历史。1979 年以来自治区极少行使自治立法权，主要通过地方性法规调整自治区事务。2015 年和 2023 年《立法法》修改、2018 年《宪法》修改，地方立法权扩容至所有设区的市和自治州，对民族自治地方的立法产生了重大影响。30 个自治州被授予地方性法规制定权以来,自治立法权与地方性法规制定权并存,二者发挥的作用和产生的问题都逐步凸显。

在国家立法体制之下,民族自治地方的立法权经历了一个长期的发展过程。最早在宪法性文件中规定民族自治地方立法权的是《共同纲领》,[①]1952 年的《民族区域自治实施纲要》第 23 条则对民族自治地方的立法体制作了详细规定。该时期民族自治地方的立法体制与 1954 年《宪法》及之后历部《宪法》、相关法律的规定存在差异。

首先,立法权享有主体不同。根据《民族区域自治实施纲要》第 4 条的规定,民族自治区主要包括三种类型,但都称为“自治区”。[②] 1954 年《宪法》规定的享有立法权的民族自治地方不仅仅是自治区。[③]

其次,立法权的权限不完全相同。在当时的社会背景下,聚居少数民族被授权实行“民族区域自治”,自治区的自治机关“按照本民族大多数人民及与人民有联系的领袖人物的志愿,管理本民族内部事务”[④]。民族自治区的问题,还需要“经过各有关民族的上层协商和人民同意”[⑤],再加以适当处理。可见,当时的少数民族聚居区中,少数民族上层人士的意见还在一定程度上对处理该民族内部事务发挥着作用,也对民族自治区的立法产生了影响。

最后,立法权行使程序不同。根据《民族区域自治实施纲要》第 23

---

① 《共同纲领》第 51 条规定,各少数民族聚居的地区,应实行民族的区域自治,按照民族聚居的人口多少和区域大小,分别建立各种民族自治机关。

② 《民族区域自治实施纲要》第 4 条规定,民族自治区主要包括以一个少数民族聚居区为基础建立的自治区、以一个大的少数民族聚居区和人口很少的其他少数民族聚居区为基础建立的自治区、以几个或多个少数民族聚居区为基础联合建立的自治区。

③ 1954 年《宪法》第 70 条第 4 款规定,自治区、自治州、自治县的自治机关可以依照当地民族的政治、经济和文化的特点,制定自治条例和单行条例,报请全国人民代表大会常务委员会批准。

④ 李维汉编著:《统一战线问题与民族问题》,人民出版社 1981 年版,第 464 页。

⑤ 李维汉编著:《统一战线问题与民族问题》,人民出版社 1981 年版,第 465 页。

条的规定，民族自治区制定单行法规，必须层报上两级人民政府核准，还要层报中央人民政府政务院备案。上述规定在 1954 年《宪法》中被取消。①

1982 年《宪法》继承和发展了 1954 年《宪法》的相关规定。1982 年《宪法》第 116 条对民族自治地方立法权行使主体作出了规定。② 同时，1979 年《地方组织法》、1982 年《宪法》规定自治区人大及其常委会也享有地方立法权。根据宪法的精神，《民族区域自治法》第 20 条对自治立法权限作出了更为具体的规定，③《民族区域自治法》第 19 条规定了立法程序。④ 2015 年修改的《立法法》将地方立法权扩容至所有设区的市，包括自治州。⑤ 2018 年修改《宪法》、2023 年再次修改《立法法》，确认和拓展了上述授权。⑥

---

① 1954 年《宪法》第 70 条第 4 款规定，自治区、自治州、自治县的自治机关可以依照当地民族的政治、经济和文化特点，制定自治条例和单行条例，报请全国人民代表大会常务委员会批准。

② 1982 年《宪法》第 116 条规定，自治区、自治州、自治县的人民代表大会有权制定自治条例和单行条例。

③ 《民族区域自治法》第 20 条规定，上级国家机关的决议、决定、命令和指示，如有不适合民族自治地方实际情况的，自治机关可以报经该上级国家机关批准，变通执行或者停止执行；该上级国家机关应当在收到报告之日起60 日内给予答复。

④ 《民族区域自治法》第 19 条规定，自治区的自治条例和单行条例，报全国人民代表大会常务委员会批准后生效。自治州、自治县的自治条例和单行条例报省、自治区、直辖市的人民代表大会常务委员会批准后生效，并报全国人民代表大会常务委员会和国务院备案。

⑤ 由于《民族区域自治法》第 4 条第 2 款规定，“自治州的自治机关行使下设区、县的市的地方国家机关的职权，同时行使自治权”，因此在自治州人民代表大会有权制定自治条例、单行条例的基础上，自治州人大及其常委会被赋予了地方性法规制定权。参见乔晓阳主编：《〈中华人民共和国立法法〉导读与释义》，中国民主法制出版社 2015 年版，第 33 页。

⑥ 根据《宪法》第 100 条和《立法法》第 81 条的规定，自治州可以根据具体情况和实际需要，在不同宪法、法律、行政法规和本省、自治区的地方性法规相抵触的前提下，对城乡建设与管理、生态文明建设、历史文化保护、基层治理等方面的事项制定地方性法规。地方性法规报省、自治区的人民代表大会常务委员会批准后施行。

迄今为止，民族自治地方已形成自治立法权与地方性法规制定权并存的格局，不仅自治机关人大享有自治立法权、地方性法规制定权，人大常委会也被授予了地方性法规制定权。民族自治地方也建立起两种立法程序，两种程序稍有不同的是，自治法规在报送备案时，需要说明变通的情况。

二、促进地方立法权扩容的主要因素

从我国立法体制变迁与发展的过程可以看出，促进地方立法权扩容的主要因素包括：

第一，政权建构与地方治理的需要。初期，全国上下都面临新生政权的巩固、镇压反革命、维护社会安定、开展土地改革等任务，各地情况不同，中央很难在短时间内制定出大量的法律规范以适应地方治理的需要，因此授权县级人民政府委员会及以上的地方政权进行立法。虽然1954年《宪法》和《地方组织法》规定全国人大是唯一的立法机关，地方各级人民代表大会只有权通过和发布决议，民族自治地方仍然保留立法权。但是，一般地方没有立法权不利于发挥其主动性和积极性，也不利于国家的建设和发展。1957年，全国人大常委会还曾提出关于健全人民代表大会制度的几点意见。① “文化大革命”之后，国家的社会经济建设全面复苏。1979年《地方组织法》规定省、自治区、直辖市可以制定地方性法规，第一次以法律形式赋予地方立法权。②

第二，国家统一与民族团结的需要。从1952年的《民族区域自治实施纲要》到现行《宪法》《民族区域自治法》，民族自治地方自治机关的自

① 建议“可以考虑给予省、直辖市人大及其常委会一定范围的立法权限，以便根据国家法律、法令和政策，因地制宜地制定一些适用于本行政区的单行条例或补充规定，报请全国人大常委会批准后实行”。但因发生了“反右”斗争，这个报告没有得到执行。参见乔晓阳：《在新的起点上加强地方立法工作》，载《地方立法研究》2016年第1期。

② 参见乔晓阳主编：《〈中华人民共和国立法法〉导读与释义》，中国民主法制出版社2015年版，第239页。

治立法权一直受到保障。初期赋予民族自治地方立法权,在实现多民族国家政治整合的同时,也为民族区域法治建设奠定了基础。随着民族区域自治的推行,《民族区域自治法》在《民族区域自治实施纲要》的基础上进行了修改和发展,更加关注处理民族自治地方与国家的关系。[①] 因此,《民族区域自治法》除规定民族自治地方有自治立法权外,还规定了变通执行权。2000 年《立法法》制定和 2015 年、2023 年两次修改,民族自治地方的立法体制得到了更多的保障和完善,对民族自治地方社会、经济、文化等方面的发展起到了重要促进作用。

第三,改革开放与良法善治的需要。一方面,随着改革开放和自由大市场的逐步形成,中央与地方的关系也发生了变化。根据现行《宪法》的规定,要"遵循在中央的统一领导下,充分发挥地方的主动性、积极性的原则",无论是中央还是地方层面,立法主体越来越多元化,立法权向地方扩容的趋势也越来越明显。1986 年修改《地方组织法》授权省会市、较大的市制定地方性法规;2000 年制定《立法法》时规定经济特区所在地的市的人大及其常委会有权制定地方性法规;2015 年《立法法》修改,将地方立法权进一步下放到所有设区的市和自治州,立法权限规定为"城乡建设与管理、环境保护、历史文化保护等方面的事项";2023 年《立法法》再次修改,将立法权限拓展为"城乡建设与管理、生态文明建设、历史文化保护、基层治理等方面的事项",都是与改革开放、地方经济社会发展紧密联系的。[②] 另一方面,改革开放与法治建设相辅相成。当

① 一方面,"要维护国家的统一,保证中央人民政府的统一领导和国家总的方针政策和计划在各民族自治地方的贯彻执行";另一方面,"又要保证民族自治地方自治机关充分行使自治权,照顾各民族自治地方的特点和需要,使自治机关有大于一般地方的自主权"。参见阿沛·阿旺晋美 1984 年 5 月 22 日在第六届全国人民代表大会第二次会议上所作的《关于〈中华人民共和国民族区域自治法(草案)〉的说明》,载金炳镐主编:《民族纲领政策文献选编》,中央民族大学出版社 2006 年版。

② 参见乔晓阳主编:《〈中华人民共和国立法法〉导读与释义》,中国民主法制出版社 2015 年版,第 32 页。

前中国特色法律体系已经形成，国家和社会生活总体上有法可依，但随着经济社会发展的深入，各方面的改革举措都涉及制度体制层面的问题。地方立法权进一步下放，完善地方立法体制机制，也是实现良法善治的迫切需要。

第二节 立法权扩容前的地方立法机制

立法机制包括立法权的载体与运行过程，实践中经常与立法体制并用。例如，党的十九届四中全会要求“完善立法体制机制”。但二者相比较，立法体制偏向宏观层面，本章第一节所涉立法体制的变迁，即我国“一元两级多层次”立法体制的形成与发展过程；立法机制则更为具体，侧重于立法权运行的整个过程。本节重点考察2015年地方立法权扩容前的地方立法机制。

一、我国一般地方立法机制概况

本书讨论的地方立法机制，主要包括地方立法权的载体与运行过程。地方立法权的载体包括参与地方立法的所有主体及其构成的机构或组织体系。地方立法运行过程包括立法项目的确立，立法案的起草、审议、批准、实施、评估、修改或废止等立法权运行的全过程。

（一）地方立法权的载体

中国共产党是执政党。在地方立法过程中，地方党委首先发挥着组织领导作用。第一，地方党委既对立法机关实行宏观的、全局性的领导，也会对一些重要立法案或立法过程中的重要事项进行事先审批。第二，地方党委通过出台立法相关政策或对立法工作的方向作出部署的方式参与立法。第三，地方党委通过向立法机关推荐领导干部或代表候选人的方式，实现对立法的影响或对立法机关的支配。上述方式与其他国家的政党参与立法的方式有所不同。①

在我国,立法过程中行政机关发挥的作用主要体现在两方面:一是行政机关享有一定的立法权,如制定行政法规、规章;二是行政机关在立法过程中参与起草或行使提案权。本书主要从第二个方面讨论行政机关对地方立法的参与,包括提出立法建议、参与制订立法规划或计划、拟订草案、提出立法提案、参与草案的论证等。我国的行政机关在社会关系的调整过程中发挥着重要作用,这一点与许多国家行政权在社会生活中发挥的作用相似。② 行政机关行政意图的合法化必须借助人大的立法程序实现,但是行政机关在解决特定领域的社会问题时,具有人大所不具备的专业性。而且人大立法最终也需要行政机关予以执行,在行政意图的明确化、行政措施的可行性等问题的判断上,与人大相比,行政机关具有先天的优势。但是行政机关不仅是公共利益的代表,也是自身部门利益的代表,立法过程中难免出现部门利益法制化的情况,需要人大从全局和公共利益出发,对部门利益法制化的情况予以监督和纠正。因此,在地方立法过程中,政府与人大在党的领导下相互依赖、分工合作。

我国的人民代表大会及其常委会作为立法机关,其运作模式:第一,各级人大设有专门委员会,相对应地,各级人大常委会设有工作机构,专委会和工作机构又与行政机关的职能划分在一定程度上对应,在地方党委的领导下,通过与其他专委会、专委会的工作机构协调,与相应的行政

---

① 有代表性的国家执政党作用于立法的方式可以分为三种:一是以英国为代表的权力融合模式,由议会下院多数党组成内阁,议会行使的立法权与内阁行使的行政权之间有着天然的融合性;二是以美国为代表的权力分权模式,其立法权与行政权来源于两套不同的选举系统,通常由不同的政党分别掌握,执政党控制的行政权很难轻易影响和控制立法权;三是以法国为代表的权力混合模式,总统由选民直选,通常总统所属的政党与议会多数党都能对议会立法产生影响,若二者属于同一政党,则可以更强有力地作用于立法。参见曹海晶:《中外立法制度比较》,商务印书馆2016年版,第535~536页。

② 行政权的扩张是现代社会国家权力发展的一个普遍趋势。参见曹海晶:《中外立法制度比较》,商务印书馆2016年版,第539页。

部门合作，共同完成立法计划的拟定、法规案的起草等工作。在人大闭会期间，宪法和法律委员会在立法过程中发挥着重要作用。第二，人民代表大会及其常委会由人大代表组成。人大代表在立法过程中主要通过以下几种方式发挥作用：一是在人大开会期间行使职权，审议立法规划或计划、审议或通过法规案等；二是部分代表作为各专门委员会的组成人员，可以在相关领域的立法中经常性地发挥作用；三是在人大闭会期间通过立法听证等方式参与立法活动。第三，地方人大及其常委会审议通过法规案后，必须报请上一级人大常委会批准。一般来说，上下级人大常委会的工作机构相互对应，例如，下级人大常委会的法制工作委员会对接上一级人大常委会的法制工作委员会，在立法活动中主要负责与上一级人大常委会沟通、报送审批材料等工作。

除上述主体外，地方立法过程中的参与主体还包括社会公众、专家学者或智库、新闻媒体等，要实现依法立法、民主立法、科学立法，除上述"三驾马车"相互配合之外，推行"开门立法"，引入立法的利害关系人或其他具有专业优势的第三方参与立法，也是各地完善立法机制的重要举措。通过对上述主体参与立法的状况进行分析，可以对地方立法机制的合理性与实施效果进行评判。

（二）地方立法的过程

作为一个具有权威性的公共政策过程，对地方立法过程的分析可以采用公共政策过程的分析模型，①详细流程参见图 1－1。

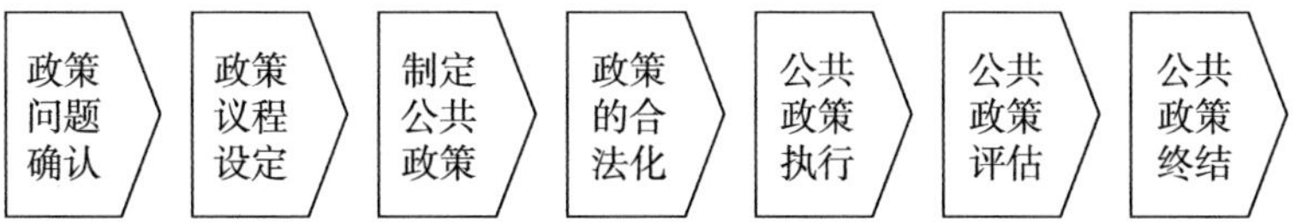

图 1－1　广义上的公共政策过程

① 参见张国庆主编：《公共政策分析》，复旦大学出版社 2004 年版，第 185 页。

结合地方立法过程,首先需要讨论的是,该项立法要解决什么问题。对相应社会问题的感知和确认,是立法项目予以立项的基础。其次,将该立法项目纳入地方立法的规划或者计划之中,即设定立法工作的议程。再次,组织起草立法草案,通过法定的审议、表决、批准程序,制定法规案并将其合法化。最后,对立法实施、评估,根据评估结果决定该项立法的存续、修改或废止。

上述流程是广义上的公共政策过程,狭义上的公共政策过程通常指公共政策的制定过程,包括制定政策目标、设计政策方案、论证评估方案以及抉择政策方案,①详细流程参见图1－2。

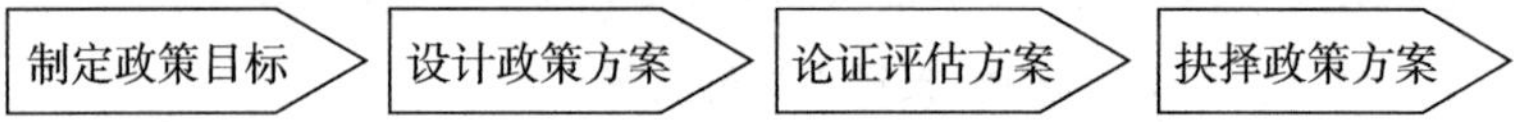

图1－2　狭义上的公共政策过程

本书所讨论的地方立法机制,也是指狭义上的地方立法过程,即立法草案的拟定、审议、批准过程。在立法草案的拟定和审议过程中,首先要根据该项立法需要解决的问题制定立法目标,起草立法草案,再经立法各方参与主体的论证、人民代表大会或者其常委会的审议、省级人大常委会的批准等程序,最终对立法草案的内容作出抉择。

地方立法每一个过程的参与主体、利益类型、程序设计都不尽相同,通过对地方立法过程的分解,可以更为清晰地观察到每一阶段的权力、权利运行状况,有助于更加精确地对地方立法机制每一个环节存在的问题进行评估。

(三)地方立法权的配置

如前所述,我国普遍意义上的地方立法权始于1979年的《地方组织法》,这也是立法权扩容到省一级的时间点。1982年《地方组织法》修订,规定省级人民政府所在地和经国务院批准的较大的市的人大常委会

---

① 参见张国庆主编:《公共政策分析》,复旦大学出版社2004年版,第185页。

可以拟订地方性法规草案,提请省级人大及其常委会审议制定。上述规定中关于“拟订”的表述,意味着部分设区的市享有了一定程度的立法权。1986 年《地方组织法》再次修订,将较大的市的人大常委会的拟订权修改为制定权,部分设区的市享有了完整的立法权。①

在 2015 年地方立法权扩容之前,我国“较大的市”虽然有 49 个,但并没有成为一个独立完整的立法层级。《立法法》修改之前,将省级地方性法规与较大的市的地方性法规视为一体,对其立法权限、法律效力等级等问题不加区分。省、设区的市之间立法权限不清,就会产生重复立法、越权立法等问题。②

二、民族自治地方的自治立法机制

2015 年地方立法权扩容之前,民族自治地方除自治区享有地方性法规制定权外,其他自治地方都只享有自治立法权。制定地方性法规与自治立法的程序大致相似,但自治立法过程中的利益博弈机制更为复杂,因此本节重点讨论自治立法机制。

(一)自治立法机制

结合自治条例和单行条例的制定过程,参与民族自治地方立法的主体主要包括:党委、政府(包括职能部门)、人大及其常委会、政协委员代表、专家学者、其他社会公众等,考察民族自治地方的立法机制,就是考察上述主体对立法的参与程度、相互之间的关系以及对立法的参与过程。虽然法律规定了民族自治地方的自治立法程序,但是完整的立法过程只能从实践中进行观察。在自治地方人大常委会向省级人大常委会提交的立法起草说明中,一般都包含了起草该规范的全过程,也展现了当时的自治立法机制。因此,笔者以 2016 年 3 月获批的《恩施土家族苗

---

① 参见郑毅:《设区的市级地方立法权的改革与实施》,法律出版社 2020 年版,第 4 页。

② 参见宋方青等:《我国地方立法权配置的理论与实践研究》,法律出版社 2018 年版,第 168 ~ 169 页。

族自治州山体保护条例》的起草说明为例,考察地方立法权扩容前民族自治地方的自治立法机制。① 该条例虽然获批于地方立法权扩容之后,但整个制定过程都发生在扩容之前。

第一,在立项阶段,首先是州委提出要求,然后州人大常委会把制定条例纳入2014年立法计划和工作要点。民族自治地方党委从立法项目立项、立法计划拟订开始,对立法工作进行组织和领导。人大常委会的立法计划和工作要点必须征求党委的意见。

第二,在起草阶段,州人民政府成立起草工作领导小组以及工作专班,并且指定相关行政部门——州规划局具体负责起草工作。在法规案起草过程中,民族自治地方人民政府负责起草工作的领导和协调,相关职能部门对草案的起草发挥主导作用,直接影响草案的主要内容。

第三,在条例起草过程中,人大常委会组织人大代表、政协委员、专家学者等参与调研和论证。虽然根据《宪法》《民族区域自治法》,民族自治地方的人大常委会没有自治立法权,但在实践中,其在立法草案提交审议之前已经参与到立法过程,人大代表、政协委员和专家学者在人大常委会的组织下对草案的起草发挥辅助作用。

第四,在条例提交州政府常务会议审议之前,公开在媒体上向全社会征求意见。可见就公众参与民族自治地方立法的途径和方式而言,除了调研过程中的局部参与外,主要是对公开的征求意见稿提出建议。

第五,州人大常委会对草案审议后,由州人民政府报送省人民政府审批,省人民政府征求相关省直部门的意见后予以回复。自治立法过程中,报送省级人民政府审批虽然不是法定的立法程序,但属于自治立法过程中必经的工作程序。这一程序为一些省、自治区的自治立法过程所

---

① 参见王海涛:《恩施土家族苗族自治州人民代表大会常务委员会关于报请批准〈恩施土家族苗族自治州山体保护条例〉的说明——2016年3月29日在湖北省第二届人民代表大会常务委员会第二十一次会议上》,载恩施州人大常委会网,http://www.esrd.gov.cn/rdgb/f257/201707/t20170706_769560.shtml。

特有，也是自治立法很难跨过的一道“门槛”。

第六，条例吸收省人民政府的意见修改后，提交州人民代表大会审议、表决通过。通常情况下，省级人民政府收集相关省直部门的意见后，由省政府负责立法的机构统一反馈给民族自治地方。

第七，向省级人大常委会报请批准。一般说来，省级人大常委会在批准的同时也会提出一些文字、标点符号等方面的非实质性的修改建议，条例吸收修改建议后，由州人大常委会予以公布。

（二）立法审批机制

为深入剖析民族自治地方立法过程的特点，有必要对自治地方与上级国家机关在立法过程中的利益博弈机制，即自治立法的审批机制进行详细探讨。在自治立法过程中，向省级人民政府报送审批并非法定立法程序，却是一些省、自治区自治立法过程中必须遵循的工作程序，省人民政府和省直各相关部门的意见直接决定了条例是否提交自治州人民代表大会审议。

《恩施土家族苗族自治州自治条例》修订程序于 2003 年正式启动，直到 2008 年 11 月，该条例才获湖北省人大常委会批准。其间自治州与湖北省政府、省直部门之间的争议主要集中在基础设施项目配套资金、矿产资源补偿费、新增建设用地土地有偿使用费、林业规费、水资源费、高考优惠政策以及知识分子津贴几个方面。在最初提交湖北省政府审批的修订草案中，恩施州希望享受免除基础设施项目配套资金的照顾；矿产资源补偿费、新增建设用地土地有偿使用费、林业规费、水资源费等由州、县市人民政府或相关主管部门收取，除部分上缴中央外，其余留存自治州用于资源保护和开发；自治州内高等院校对少数民族考生实行加分或降分录取。

但是，包含上述要求的草案条款在湖北省政府作出的批复中被全部否决。将近 6 个月后，恩施州将修改后的自治条例草案再次提请湖北省政府批复。在矿产资源补偿费、新增建设用地土地有偿使用费、林业规费、水资源费等问题上,依旧由省级统管,湖北省按项目安排相关规费使用时,对自治州予以照顾,上述草案得到湖北省政府的认可。被湖北省政府第一次批复否决的高考优惠政策条款在第二次批复中则部分得到认可。最后提交湖北省人大常委会批准、由恩施州人大公布的自治条例修订案基本保持了湖北省政府第二次批复的内容。① 省政府在自治条例的制定过程中,对自治条例的主要内容起到了决定性作用。② 详细过程参见表1－2。

表1－2　《恩施土家族苗族自治州自治条例》的修订过程

自治条例主要争议条款	恩施州人大提交草案主要内容	湖北省政府第二次批复主要内容	湖北省人大常委会批复
基础设施项目配套资金	上级国家机关在自治州境内安排的基础设施建设项目,享受国家免除配套资金的照顾。(第27条第1款)	上级国家机关在自治州境内安排的基础设施建设项目,实行对民族自治地方基础设施配套资金照顾政策,并按照《国务院实施〈中华人民共和国民族区域自治法〉若干规定》的有关规定落实。	无

① 参见冉艳辉:《我国民族自治地方自治立法权的保障》,载《法学》2015年第9期。

② 参见恩施州人民政府关于请求审批《恩施土家族苗族自治州自治条例(修正案草案)》的请示(恩施州政文〔2005〕67号)、湖北省人民政府关于《恩施土家族苗族自治州自治条例(修订草案)》的批复(鄂政函〔2006〕48号)、恩施州人大常委会2006年6月9日关于《恩施土家族苗族自治州自治条例》(修订草案)有关条款作进一步修改的意见、湖北省人民政府关于《恩施土家族苗族自治州自治条例(修订草案)》的批复(鄂政函〔2006〕138号)、湖北省人民代表大会常务委员会关于《恩施土家族苗族自治州自治条例》的批复(鄂常文〔2008〕12号)以及2008年11月获批的《恩施土家族苗族自治州自治条例》;冉艳辉:《民族自治地方自治立法权的保障》,载《法学》2015年第9期。

续表

自治条例主要争议条款	恩施州人大提交草案主要内容	湖北省政府第二次批复主要内容	湖北省人大常委会批复
矿产资源补偿费	矿产资源补偿费由州、县市人民政府按国家规定征收,除上缴中央外,其余全部留自治州用于矿产资源的开发、利用和保护。(第29条)	自治州享受省安排使用国家依法征收的矿产资源补偿费省留存部分时加大对民族地区的投入,并优先考虑对原产地的民族地区的照顾。	无
新增建设用地土地有偿使用费	新增建设用地的土地有偿使用费,由县、市国土资源行政主管部门征收,除上缴中央外,全部留自治州用于耕地开发。(第30条第5款)	自治州收取的新增建设用地有偿使用费省级留存部分和省在自治州将农用地转用时收取的耕地开垦费,享受省按项目安排民族自治地方用于专项土地开发整理和土地开发复垦以及中低产田改造的照顾。	无
林业规费	自治州的林业规费,由州、县、市林业行政主管部门收取,用于育林、护林、发展自治州林业和维护森林生态环境。(第31条第4款)	自治州享受省从本州征收的育林基金、维简费、森林植被恢复费通过建设项目优先安排给自治州发展林业的照顾。	无

续表

自治条例主要争议条款	恩施州人大提交草案主要内容	湖北省政府第二次批复主要内容	湖北省人大常委会批复
水资源费	水资源费由自治州和县、市人民政府水行政主管部门征收，享受水资源费上缴省级的比例低于非自治地方的照顾，专项用于水资源的开发和保护。自治州内兴建的总装机容量5000瓦以上水电站的水资源费，由州、县、市水行政主管部门征收，全部留归自治州用于防洪和水利设施建设。（第37条第2款）	自治州依法保护和开发水资源，加强水利设施建设，充分发挥水资源的综合效益。享受省安排使用国家依法征收的水资源费省留存部分时加大对民族地区的投入，并优先考虑对原产地的民族地区的照顾。	无
高考优惠政策	设在自治州内的高等院校面向自治州招生时，招生比例按规模同比增长并适当倾斜。对报考专科、本科和研究生的少数民族考生，在录取时应当根据情况采取加分或者降分的办法，适当放宽录取标准和条件。（第58条第6款）	自治州少数民族考生在高考招录时加10分投档；自治州少数民族考生报考恩施州、宜昌市范围内高校的，加20分投档。	高考录取时，对自治州少数民族考生实行优惠政策，按照国家和省有关规定执行。

当然,结合相关法律规定,①可以发现自治州与上级国家机关的行为均有一定依据②。上述基础设施项目配套资金③、矿产资源补偿费④、新增建设用地土地有偿使用费⑤、林业规费⑥、水资源费⑦、高考优惠政策⑧相关事项,均属于上级(中央或省级)国家机关的权力范围。除非依照法定程序经过上级国家机关批准,自治立法不得规定上级国家机关的权力和义务;但是,《宪法》第122条要求国家从财政、物资、技术等方面

---

① 实践中,由于大多数法律对于自治权的规定并不清晰,主要通过国务院及其各部委的政策性文件来实现中央与民族自治地方在财政、税收、资源开发等领域的权力界限的具体化。参见田钒平:《民族自治地方自治立法权限的法律实证研究》,载《云南大学学报(法学版)》2009年第1期。

② 参见冉艳辉:《我国民族自治地方自治立法权的保障》,载《法学》2015年第9期。

③ 国家安排的基础设施建设项目资金来源于中央财政性建设资金、其他专项建设资金和政策性银行贷款等,在投放于地方基础设施建设项目时,有权要求地方承担配套资金。

④ 根据《矿产资源补偿费征收管理规定》第11条、第12条、第13条规定,中央所得的矿产资源补偿费的具体使用管理办法,由国务院财政部门、国务院地质矿产主管部门、国务院计划主管部门共同制定。省级人民政府地质矿产主管部门会同同级财政部门批准,可以依法减、免缴矿产资源补偿费。

⑤ 按照财政部、原国土资源部、中国人民银行《关于调整新增建设用地土地有偿使用费政策等问题的通知》,中央分成的新增建设用地土地有偿使用费,由财政部会同国土资源部分配给各省市,各省市分成的部分,加上中央财政专项分配的部分,统一由省级财政部门会同国土资源管理部门分配给下级县市。

⑥ 财政部、原国家林业局2002年颁布的《森林植被恢复费征收使用管理暂行办法》第20条规定,授权各省、自治区、直辖市财政部门、林业主管部门制定具体实施办法。

⑦ 国务院于2006年颁布的《取水许可和水资源费征收管理条例》第35条规定,征收的水资源费应当按照国务院财政部门的规定分别解缴中央和地方国库;第28条规定,水资源费征收标准由省、自治区、直辖市人民政府价格主管部门会同同级财政部门、水行政主管部门制定,报本级人民政府批准,并报国务院价格主管部门、财政部门和水行政主管部门备案。

⑧ 依据《中华人民共和国教育法》《中华人民共和国高等教育法》,高校的招生录取工作在教育部统一领导下,由各省级招委会组织实施。有关省(区、市)可以自行增加政策性照顾项目。

帮助各少数民族加速发展经济建设和文化建设事业，帮助民族自治地方从当地民族中大量培养各级干部、各种专业人才和技术工人。《民族区域自治法》和其他相关法律对上级国家机关的职责进一步细化，在安排基础设施项目配套资金①，分配新增建设用地土地有偿使用费、林业规费、水资源费、矿产资源费②，制定民族自治地方的高等学校招生政策时，③自治地方均有要求上级国家机关照顾的权利。

恩施州第一次提交的修订草案单方面提出免除基础设施项目配套资金，矿产资源补偿费、新增建设用地土地有偿使用费、林业规费、水资源费等由州、县、市人民政府或相关主管部门收取并留存自治州用于资源保护和开发，自治州内高等院校对少数民族考生实行加分或降分录取等要求，超出了上级国家机关的法定权力，不具正当性和合法性。湖北省政府在第一次批复中全部予以否决，遵循了宪法和相关法律对中央与地方、上下级国家机关之间的权力划分的规定，并没有侵犯自治地方的自治权。恩施州第二次提交修订草案时转变了思路，改为请求享受省按项目安排相关规费在自治州使用时的照顾，这是在行使民族自治地方“接受国家财政、物资、技术等方面的帮助”的权利，具有正当性和合法性。

---

① 《民族区域自治法》第56条规定，国家在民族自治地方安排基础设施建设，需要民族自治地方配套资金的，根据不同情况给予减少或者免除配套资金的照顾。

② 《国务院实施〈中华人民共和国民族区域自治法〉若干规定》第8条规定，国家征收的矿产资源补偿费在安排使用时，加大对民族自治地方的投入，并优先考虑原产地的民族自治地方。

③ 《国务院实施〈中华人民共和国民族区域自治法〉若干规定》第21条规定，对民族自治地方的高等学校以及民族院校的学科建设和研究生招生，给予特殊的政策扶持。第29条规定，国家鼓励和支持各级各类人才到民族自治地方发展、创业，当地人民政府应当为他们提供优惠便利的工作和生活条件；对到边远、高寒等条件比较艰苦的民族自治地方工作的汉族和其他民族人才的家属和子女，在就业、就学等方面给予适当照顾。

第三节　立法权扩容前的地方立法状况

一、立法权扩容前的一般地方立法

我国地方立法主体众多,立法权扩容前享有一般地方立法权的主体主要包括省、自治区、直辖市和较大的市的人大及其常委会。对中央与地方立法权限的划分,除在《立法法》中规定中央的专属立法事项外,法律对地方的立法权限并无专属规定。对地方立法的内容,主要运用"不抵触"原则进行限制:一是在有上位法的前提下,地方立法不得同上位法相抵触;二是在没有上位法时,地方可以先行立法,一旦有了上位法,地方立法应当修改与上位法相抵触的部分。立法权扩容前的地方立法运行状况,主要可以从立法权配置与立法内容两方面进行考察。

一方面,地方人大常委会在立法中发挥了重要作用,但地方人大在立法中的作用还有待加强。根据学者对1979年到2013年地方性法规的统计分析,从立法数量上看,绝大多数地方性法规由人大常委会制定,人大制定的比例很少。① 一些地方人大制定的法规由常委会修订,甚至连规范常委会重要行为的法规,如常委会议事规则、常委会工作条例、常委会人事任免工作条例、法规备案审查条例等,基本由常委会制定。②

另一方面,地方立法内容的科学性还有待提高。多年来立法领域对

---

① 例如,北京市人大法规库收集的从1984年至2011年的138件地方性法规中,北京市人大立法的占2.17%,人大常委会立法的占97.83%。上海市人大法规库收集的从1985年至2011年的185件地方性法规中,上海市人大立法的占2.16%,人大常委会立法的占97.84%。天津市从1981年至2011年的220件地方性法规中,天津市人大立法的占1.81%,人大常委会立法的占98.19%。相关数据参见肖巧平:《地方人大与其常委会立法权限划分研究》,法律出版社2015年版,第83页。

② 参见肖巧平:《地方人大与其常委会立法权限划分研究》,法律出版社2015年版,第88~89页。

普遍性与共识的强调大过对特殊性与差异的强调。对于社会生活的调整，通常也是先在国家层面进行立法，各地为落实国家立法再制定细化或实施性质的规范。因此，从地方性法规文本看，存在大量重复上位法或其他地区法规、规章的现象，具有地方特色的立法较少，制度设计的创新度和地域匹配度不高。还有的地方出台地区封锁、限制公平竞争的规定，限制外地同类或相关利益主体进入本地市场，表面看保护了本地区的市场主体，实际上破坏了国家整体市场秩序。对此，秦前红教授担忧，赋予更多的城市以地方立法权，"这些地方将自身的利益'塞进'地方性立法当中，使其地方保护主义在'法律化'的掩饰下显得'名正言顺'"①。

二、立法权扩容前的自治立法

与一般地方立法相比，民族自治地方在立法权限上存在特殊性。首先，与一般地方人大及其常委会均有立法权不同，只有民族自治地方的人大才有权制定自治条例和单行条例。其次，与一般地方立法与上位法"不抵触"不同，民族自治地方立法可以在一定条件下对法律和行政法规进行变通规定，具有更多自主性。最后，民族自治地方立法的程序与一般地方立法也存在差异。民族区域自治制度作为我国的基本政治制度之一，是当前实现民族平等、民族团结和各民族共同繁荣的重要途径。我国的民族自治地方分为自治区、自治州和自治县三级。根据《宪法》、《民族区域自治法》和《立法法》的相关规定，民族自治地方的立法权包括地方国家机关的立法权和民族自治机关的自治立法权，前者包括自治区、自治区政府所在地的市人大及其常委会制定地方性法规、政府制定规章的权力（2015 年《立法法》修订之后授予自治州人大及其常委会制定地方性法规的权力）；后者包括自治区、自治州、自治县这三级自治地方人大制定自治条例和单行条例的权力。民族自治地方实现自治权的

① 秦前红：《谨防地方保护主义法律化》，载《党政视野》2015 年第 2 期。

主要方式之一就是行使自治立法权。自治条例和单行条例在民族自治地方的政治、经济、文化事务中发挥了积极作用。① 本节将对上述三级自治地方的自治条例和单行条例进行考察。

（一）自治区的自治立法与地方性法规制定

在我国，自治区包括广西壮族自治区、西藏自治区、内蒙古自治区、新疆维吾尔自治区和宁夏回族自治区。1954年《宪法》授权自治区人民代表大会制定自治条例和单行条例，1979年《地方组织法》第6条、第27条授权自治区人大及其常委会可以根据本行政区域的具体情况和实际需要，在和国家宪法、法律、政策、法令、政令不抵触的前提下，制定地方性法规。但5个自治区的人民代表大会只出台过少数变通规定和补充规定，立法主要采用人大常委会制定地方性法规的方式。

（二）自治州、自治县的自治立法

1. 立法数量

在全国30个自治州中，除新疆的5个自治州外，已经有25个自治州制定了自治条例，并从2001年《民族区域自治法》修订后陆续进行修订。② 在120个自治县中，只有新疆的6个自治县没有制定自治条例。③ 由于长期以来自治州、自治县只有人民代表大会可以行使自治立法权，且无其他地方立法权，单行条例立法比较活跃，内容也十分丰富，覆盖社会生活的方方面面。④ 限于篇幅，笔者在此仅对30个自治州获得地方性法规制定权之前的立法数量进行了统计，包括制定的自治条例、单行条

---

① 参见冉艳辉：《民族自治地方自治立法权的保障》，载《法学》2015年第9期。

② 参见黄元姗：《民族区域自治制度的发展与完善：自治州自治条例研究》，中国社会科学出版社2014年版，第51页。

③ 参见戴小明、黄元姗：《论上级国家机关的民族法责任》，载《湖北民族学院学报（哲学社会科学版）》2010年第5期。

④ 参见吉雅：《民族区域自治地方自治立法研究》，法律出版社2010年版，第85页。

例以及对上位法所作的变通补充规定①(见表1－3)。

表1－3　地方立法权扩容前30个自治州的立法数量

自治州	自治条例	单行条例	变通补充规定	合计
阿坝藏族羌族自治州	1	16	9	26
恩施土家族苗族自治州	1	16	0	17
湘西土家族苗族自治州	1	16	0	17
甘孜藏族自治州	1	9	6	16
凉山彝族自治州	1	10	8	19
延边朝鲜族自治州	1	49	0	50
黔南布依族苗族自治州	1	10	1	12
黔西南布依族苗族自治州	1	8	1	10
黔东南苗族侗族自治州	1	9	0	10
西双版纳傣族自治州	1	15	0	16
德宏傣族景颇族自治州	1	5	0	6
怒江傈僳族自治州	1	5	0	6
大理白族自治州	1	14	0	15
迪庆藏族自治州	1	7	0	8
红河哈尼族彝族自治州	1	16	0	17
文山壮族苗族自治州	1	14	0	15
楚雄彝族自治州	1	7	0	8
玉树藏族自治州	1	15	1	17
临夏回族自治州	1	8	1	10
甘南藏族自治州	1	23	2	26

① 数据统计时间为各自治州成立之日至获得地方性法规制定权之日，数据来源于北大法宝(http://www.pkulaw.cn/)及各自治州人大官网。

续表

自治州	自治条例	单行条例	变通补充规定	合计
海南藏族自治州	1	8	1	10
黄南藏族自治州	1	7	1	9
海北藏族自治州	1	14	1	16
果洛藏族自治州	1	11	1	13
海西蒙古族藏族自治州	1	13	1	15
巴音郭楞蒙古自治州	0	11	0	11
博尔塔拉蒙古自治州	0	2	0	2
克孜勒苏柯尔克孜自治州	0	0	0	0
昌吉回族自治州	0	9	0	9
伊犁哈萨克自治州	0	8	1	9

2. 自治条例

民族自治地方自治条例大多采取章、条、款、项的体例，也有少数自治条例不设章，仅以条、款、项的体例进行规定。综观 30 个自治州的自治条例，文本结构基本上是“总则→自治机关→审判与检察机关→经济建设→财政管理→教科文卫→民族关系→附则”，从内容上看，基本上是模仿《民族区域自治法》的规定。自治州自治条例里宣示性规范较多、可操作性不强，缺乏有关法律责任的规定，自治条例之间大同小异、重复现象严重。①

自治县自治条例从总体上看也存在如下问题：立法文本结构缺乏自主性和创新性、重复上位法的条款较多、不确定用语较多且缺乏可操作性。以广西壮族自治区为例，融水、隆林、都安、巴马、富川、罗城、环江 7 个自治县的自治条例从结构上就十分雷同，均包括“总则→自治机关和

① 参见黄元姗：《民族区域自治制度的发展与完善：自治州自治条例研究》，中国社会科学出版社 2014 年版，第 67～68 页。

人民法院、人民检察院→经济建设→财政金融→社会事业→人才队伍建设→民族关系→附则(第八章)”八章,内容与《民族区域自治法》雷同之处超过70%。①

因地方立法权扩容对民族自治地方自治条例的影响不大,本书对自治条例不作全面探讨。

3. 单行条例

(1)单行条例的民族特色与地方特色

自治州、自治县单行条例所涉内容十分丰富,与自治条例一样,地方立法权扩容前的单行条例在体现民族特点和地方性特点上也待完善。在立法项目上,对民族文化、民族关系的规定不足,比照上位法选题;在具体内容上,存在照抄照搬上位法、重复规定的现象。② 2015年《立法法》修改后,各自治州陆续获得地方性法规制定权,最后一个获批的是克孜勒苏柯尔克孜自治州,该州于2017年7月28日获得地方性法规制定权。

(2)单行条例对权力、权利的配置状况

与自治条例不同的是,单行条例是行使自治权制定的调整某一方面事项的规范性法律文件。③ 因此,通过单行条例进行的民族自治地方与上、下级国家机关之间权力的重新配置(或者说是利益博弈)以及公民权利、义务的重新配置存在的问题更为具体和突出。

民族自治地方与上级国家机关的权力配置,在单行条例制定过程中主要体现为要求上级国家机关放权。例如,恩施州的农作物品种审定权原来属于湖北省农业行政主管部门,在2002年《恩施土家族苗族自治州

---

①　参见李淮:《自治立法权的行使现状及对策研究——以广西12个自治县自治条例为分析视角》,载《广西民族研究》2017年第5期。

②　参见吉雅:《民族区域自治地方自治立法研究》,法律出版社2010年版,第105~108页。

③　参见周旺生:《立法学》,法律出版社2009年版,第294页。

农作物种子管理条例》修订过程中，恩施州向湖北省政府、省农业行政主管部门请求湖北省对恩施州放权，农作物品种由恩施州农业行政主管部门进行审定，依据为2000年《中华人民共和国种子法》第15条第4款。①经过协商，湖北省政府、省农业行政主管部门最终同意将农作物品种审定权委托给自治州农业行政主管部门行使。《恩施土家族苗族自治州农作物种子管理条例》第10条修正为“经省农业行政主管部门委托，自治州农业行政主管部门设立农作物品种审定小组，承担本地方主要农作物品种的审定工作”。

民族自治地方与下级国家机关的权力配置主要体现为直接行使下级机关的权力。以恩施土家族苗族自治州解决自治州与州府所在地恩施市之间在城市规划方面的冲突为例，恩施州直部门在恩施市的乱建问题长期解决不了，究其原因，是相关法律规定不符合自治州的实际。按照《中华人民共和国城乡规划法》，各级政府应当分别制定、实施规划，②因此，恩施城区的规划由恩施市政府制定并且实施。但是在自治州，由于州市同城，市政府无法约束州直部门的行为。经过研究，恩施自治州通过《恩施土家族苗族自治州城乡规划建设管理条例》，该条例第6条规定将恩施市的规划权上收，③州政府制定规划，恩施市实施规划。这样

---

① 《中华人民共和国种子法》第15条第4款规定，在具有生态多样性的地区，省、自治区、直辖市人民政府农业、林业行政主管部门可以委托设区的市、自治州承担适宜于在特定生态区域内推广应用的主要农作物品种和主要林木品种的审定工作。

② 《中华人民共和国城乡规划法》第15条规定，县人民政府组织编制县人民政府所在地镇的总体规划，报上一级人民政府审批。其他镇的总体规划由镇人民政府组织编制，报上一级人民政府审批。第28条规定，地方各级人民政府应当根据当地经济社会发展水平，量力而行，尊重群众意愿，有计划、分步骤地组织实施城乡规划。

③ 《恩施土家族苗族自治州城乡规划建设管理条例》第6条第1款、第2款规定，自治州人民政府组织编制州域城镇体系规划，用于指导自治州行政区域内县市城镇总体规划的编制工作。自治州人民政府会同恩施市人民政府组织编制恩施市城市总体规划，经自治州人民代表大会常务委员会审议后，报省人民政府审批，由恩施市人民政府组织实施。其他城市的总体规划由本级人民政府组织编制，经本级人民代表大会常务委员会审议通过和自治州人民政府同意后，报省人民政府审批。

一来,就解决了市政府制定的规划难以得到实施的问题。

单行条例对公民权利、义务的重新配置,主要表现为增加或限缩公民权利或义务。

实践中,围绕单行条例产生的争议,除单行条例的民族特色与地方特色之外,主要在于单行条例的规定是否符合法律对公民权利义务的规定,对中央与地方、上下级国家机关之间的权限划分,自治立法不能随意剥夺或限制公民权利、增加公民义务,或者僭越上级国家机关的权力,或者剥夺下级国家机关的权力。

第四节　从自治立法看立法权扩容前的地方立法状况

总的说来,2015年《立法法》修改,地方立法权逐步下放至所有设区的市、自治州之前,我国已经建立起了较好的地方立法体系,也取得了显著的实施成效,促进了各地的繁荣与发展。但是由于立法机制不完善和立法权行使不规范,地方立法仍有待完善。

一、立法权扩容前取得的成就

2015年地方立法权扩容前,民族自治地方除自治区外,都只有制定自治条例和单行条例的权力。多年自治立法权的行使为民族自治地方构建起了基本的规范体系,也将《宪法》《民族区域自治法》规定的民族自治地方及各民族公民的合法权益加以细化和落实。

第一,民族自治地方的自治法规体系已基本形成。从新中国成立初期民族自治地方立法体制确立以来,特别是1984年《民族区域自治法》制定以来,民族自治地方自主管理本民族内部事务的权力得以实现。除了五个自治区外,其他民族自治地方大多依据《宪法》、《民族区域自治法》和《立法法》的相关规定,结合本地实际,制定了自治条例和单行条例,为民族自治地方落实自治权、保障民族自治地方公民的合法权益提供了法治保障。

第二，民族自治地方立法保障了当地公民包括少数民族公民的民主政治权利。通过自治条例，将《宪法》规定的民族平等原则具体化，促进民族团结，依法解决民族关系问题，维护了民族自治地方的和谐与稳定，将《宪法》《民族区域自治法》规定的少数民族公民的参政权加以落实。例如，保障民族自治地方的自治区主席、自治州州长、自治县县长等由实行区域自治的少数民族的公民担任，政府部门则配有一定数量的少数民族干部。

第三，民族自治地方立法保障了自治地方经济发展、环境保护和自然资源的开发。民族自治地方通过自治条例和单行条例，将具有地方特点和民族特色的经济发展基本政策、自然资源合理开发政策、生态环境保护政策等确立下来。为发挥本地的区域优势和资源优势、保护自然资源的合理开发利用、维护民族自治地方的可持续发展提供了法律保障。

第四，民族自治地方立法保障了当地文化教育的发展。大多数民族自治地方通过自治条例或单行条例的方式，规定保障本地方少数民族公民的平等受教育权；规定通过兴办民族学校、提供双语教学、采取中考或高考录取优惠政策等，保障和增进少数民族公民的受教育机会。同时，通过对民族文化的保护，为少数民族传统文化的繁荣和传承提供制度保障。

二、立法权扩容前待完善的方面

地方立法权扩容前民族自治地方立法存在的问题，主要体现在立法机制的不完善和自治立法权行使不规范两个方面。

（一）民族自治地方立法机制待完善的方面

首先，是立法权载体的问题。自治州、自治县人大常委会在自治立法中发挥着重要作用，却于法无据。民族自治地方人大常委会在立法实践中的作用至少体现在以下几方面：

一是确定立法项目、制定立法规划和计划。确定立法项目需要对社会问题的感知和把握,这个过程需要人大常委会独立或者向相关部门征求意见后完成。制定立法规划和计划是立法工作的重要环节,但是法律没有规定立法规划和计划制定权的享有主体,所以在民族自治地方,主要是由人大常委会制定立法规划和计划。例如,恩施土家族苗族自治州2012年至2016年的立法规划就是2012年7月24日由自治州人大常委会第四次会议审议通过的。

二是启动立法程序,组织起草、提出议案。由于自治地方人大的会期短,其工作方式也只适合法规案的审议。人大闭会期间的立法工作实质上都由人大常委会承担,立法草案的组织起草工作也是由人大常委会承担。

三是解释自治条例和单行条例。例如,《恩施土家族苗族自治州自治条例》第76条规定:"本条例由自治州人民代表大会常务委员会负责解释。"《长阳土家族自治县自治条例》第77条第1款规定:"本条例由自治县人民代表大会常务委员会负责解释。"单行条例如《云南省楚雄彝族自治州小型水利条例》第28条、《云南省大理白族自治州洱海保护管理条例》第60条、《云南省文山壮族苗族自治州文山三七发展条例》第33条等,均规定了自治州人大常委会的解释权。由于自治地方人大常委会没有自治立法权,其从事自治立法相关工作,尤其是制定立法规划和解释自治条例、单行条例都缺乏合法性依据。

其次,自治立法过程由政府主导,政府相关职能部门起草立法,但一方面,由于缺乏明确的法律依据,作为地方权力机关和立法机关的人大对立法的主导作用未能发挥出来。在实践中单行条例几乎都是由相关行政部门起草。这种做法可以发挥相关部门的专业优势,有利于自治立法出台后的执行。但是行政部门在起草过程中自治立法的目标或手段不容易得到充分重视。另一方面,部门主导立法会导致立法过程的公开性不够,社会公众对立法的参与不足。最终导致自治立法过程中,自治立法很难充分体现公共利益或相关利害关系人的利益。

最后,自治立法程序设计不够合理,而且缺乏规范的争议解决机制。虽然没有明确的法律规定,在湖北省等省区,自治立法在报送省级人大常委会审批之前需要报送省级人民政府审批,在审批过程中如果产生争议,也没有规范的争议解决机制。同时,由于我国各级人民代表大会每年才召开一次,如果不能及时得到省级人民政府的批准,条例草案就只能等到下一年度再上会。自治立法的周期长、出台难,导致民族自治地方的立法权很难得到充分行使。

(二)民族自治地方行使自治立法权待完善的方面

除上述立法机制的问题外,民族自治地方自治立法权的行使范围也不够明晰:一是从自治立法的事项范围上看,要么立法的地方特色不明显,要么过分强调差异性。二是从自治立法的权限范围上看,民族自治地方与上级国家机关之间的权限范围不清晰,不利于自治权的合理行使。从本质上说,上述现象均体现了民族自治地方立法机关对自治权行使范围认识不到位。

一方面,对自治立法的事项范围认识不到位,导致立法不能合理体现地方特色。综观民族自治地方的自治条例和单行条例,自治立法的特色主要体现在民族文化的保护和传承,与民族文化相关的宗教、教育等方面。但是相关条款的内容大多重复上位法的规定,民族自治地方之间的立法雷同。自治立法的地方特色与当地的历史文化、风土人情、经济社会发展状况紧密联系,不同民族自治地方的环境保护、资源开发、经济发展方式等都存在差异。民族区域自治是民族自治与区域自治的结合,只有充分认识自治权的属性和意义,才能在铸牢中华民族共同体意识的前提下,充分运用自治权。

另一方面,对自治权的权限范围认识不到位,导致自治立法中无法恰当处理与上、下级国家机关的关系。其中,可能出现自治立法中民族自治地方对上级国家机关权限范围认识不到位、规定上级国家机关义务的情况,民族自治地方立法将下级国家机关权力收归自己行使的时候,也要注意是否会侵犯下级国家机关的自治权。如果上级国家机关对民族自治地方自治权权限范围认识不到位,会不当干预自治立法的内容;如果民族自治地方自治机关对自治权的范围认识不到位,则会不当限制公民权利,此处不再赘述。

除立法机制的不足和对自治权认识不到位之外,自治立法中还存在一些立法技术上的问题,如宣示性条款过多,规范性不强;法律责任条款缺失,可操作性不强;立法语言不规范,用语受政策性文件影响;等等。上述问题也在一定程度上影响了自治立法的贯彻落实。

第二章　立法权扩容对地方立法的影响

探讨地方立法权扩容的影响,必须依据一定的评价标准对立法权扩容前后的地方立法状况进行比较,本书将评价标准建立在事实和价值判断两个层面。评价对象包括立法状况、立法权配置状况和立法机制的建立和完善状况。在事实层面,本章主要比较立法权扩容前后地方立法机制、立法数量、内容等发生的变化。在价值层面,主要讨论立法权扩容后地方立法权配置的合理性,包括立法权扩容后地方与上级国家机关之间、地方各立法参与主体之间以及一些特殊区域如民族自治地方自治立法权与地方性法规制定权之间的配置是否合理。至于立法权扩容后地方立法权的配置方案,对单一制国家结构形式下地方积极性和主动性的发挥、民族区域自治制度的落实以及代议制民主及协商民主制之下的立法体制机制的完善等价值目标的回应性,将在第三章、第四章进行讨论。

第一节　立法权扩容后地方立法机制的变化

立法权扩容主要是指地方性法规制定权的下放。地方性法规制定权下放到地方,会直接导致其立法机制发生变化。追溯地方性法规制定权下放的历史,1979 年的《地方组织法》第 6 条和第 27 条授权省级人大及其常委会制订地方性法规,作为民族自治地方的自治区也由此获得地方性法规制定权,1982 年《宪法》修改后再次予以确认。1982 年 12 月,五届全国人大五次会议修改《地方组织法》,规定省会市和较大的市的地方性法规拟订权。[①] 1986 年 12 月再次修改《地方组织法》,授予省会市和较大的市地方性法规制定权。[②] 2015 年《立法法》修改,所有设区的市都被授予城乡建设与管理、环境保护、历史文化保护等方面事项的地方性法规制定权。因自治州地位等同于设区的市,其也获得地方性法规制定权。2023 年《立法法》再次修改,将设区的市与自治州制定地方性法规的权限修改为“城乡建设与管理、生态文明建设、历史文化保护、基层治理等方面的事项”。

一、地方立法机构改革

根据修改后的《立法法》,设区的市和自治州开始行使地方性法规

---

① 根据 1982 年《地方组织法》的规定,省、自治区的人民政府所在地的市和经国务院批准的较大的市可以拟订本市需要的地方性法规草案,提请省、自治区人大常委会审议制定,并报全国人大常委会和国务院备案。因此,根据这一规定,省会市和较大的市只有地方性法规草案的拟订权,并没有制定权。

② 1986 年 12 月修改《地方组织法》,规定省会市和经国务院批准的较大的市的人大及其常委会可以制定地方性法规,报省、自治区人大常委会批准后施行。这次修改将 1982 年《地方组织法》规定的省会市和较大的市的地方性法规拟订权改为制定权。

制定权的时间由省级人大常委会结合实际确定。[①] 2015 年以后地方立法权扩容引起的立法机构变化，主要发生在所有设区的市和 30 个自治州。

基于《立法法》的规定，各省级人大常委会对申请开始制定地方性法规的设区的市、自治州的条件作出了具体规定。以湖北省为例，2015 年 4 月，湖北省人大常委会对全省申请开始制定地方性法规的设区的市、自治州提出了如下要求：第一，要求有制定地方性法规的迫切需求。第二，要求健全立法机构，即当地人大设立法制委员会、人大常委会设法制工作委员会。第三，要求当地政府健全法制工作机构、配备立法工作人员。第四，要求当地有相应资源为立法提供智力支持。[②]

就民族自治地方而言，恩施州作为湖北省唯一的自治州，自 1983 年成立以来至地方性法规制定权下放之前，州人大共制定了 1 部自治条例、16 部单行条例，具备一定的立法经验，但是并没有专门负责立法工作的法制委员会，州人大常委会的工作机构中也没有专门的法制工作委员会。2016 年 1 月，恩施州七届人大六次会议作出决定，撤销州人大民

---

① 根据 2015 年修改的《立法法》第 72 条，所有设区的市和自治州的人大及其常委会有权根据具体情况和实际需要在不同宪法、法律、行政法规和本省、自治区的地方性法规相抵触的前提下，在城乡建设与管理、环境保护、历史文化保护等方面制定地方性法规。至于所有设区的市和自治州开始制定地方性法规的具体步骤和时间，要求各省级人大常委会综合考虑其人口数量、地域面积、经济社会发展情况以及立法需求、立法能力等因素确定。现为《立法法》第 81 条，权限范围修改为城乡建设与管理、生态文明建设、历史文化保护、基层治理等方面。

② 具体规定为：(1)发展较快，在城乡建设与管理、环境保护、历史文化保护等方面有制定地方性法规的迫切需求。(2)市州人大设立了负责地方性法规统一审议的法制委员会，或者已准备设立该机构；市州人大常委会设立了负责立法工作的法制工作委员会和相关内设机构，立法队伍建设适应工作需要。(3)市州人民政府及其相关部门设立了专门的法制工作机构，配备了必要的立法工作人员。(4)辖区内有一定的法学研究、法律实务人才和科教资源，可为地方立法提供智力支持。参见《湖北省人大常委会办公厅关于设区的市、自治州申请开始制定地方性法规有关事项的通知》，载湖北省人大常委会网 2015 年 5 月 11 日，http://www.hppc.gov.cn/p/3972.html。

族法制委员会，分别设立州人大法制委员会和州人大民族宗教侨务外事委员会。[①] 同时，州人大常委会的工作机构中也设置了法制工作委员会。2016 年 1 月，恩施州获批地方性法规制定权。

恩施州获批地方性法规制定权的过程，是民族自治地方立法权扩容的一个缩影。在同一时期，其他自治州也纷纷进行立法机构改革，例如，2015 年 12 月湘西土家族苗族自治州十三届人大常委会第二十四次会议决定设立湘西土家族苗族自治州人民代表大会常务委员会法制工作委员会，[②]2016 年 3 月，西双版纳傣族自治州十二届人大六次会议决定设立西双版纳傣族自治州人民代表大会法制委员会。[③] 各自治州的立法机构改革，主要在于增设专门的立法审议机构和工作机构，并配备了工作人员、增强了立法力量，为地方立法权扩容到自治州奠定了基础。但是，随着自治州立法需求和立法动力的增加，立法工作日益繁重，立法机构工作人员的数量和工作能力问题还需要进一步引起重视。

二、地方性法规制定权行使时间的确定

立法权扩容带来地方立法主体的增加。截至 2018 年 3 月，市一级立法主体总数达 323 个。[④] 2015 年 7 月至 2017 年 9 月，经所在省、自治区和直辖市人大常委会的审批，30 个自治州陆续获地方性法规制定权。限于篇幅，本节仅列举 30 个自治州地方性法规制定权的获批时间，详细

---

① 参见《恩施自治州第七届人民代表大会关于撤销州人大民族法制委员会，分别设立州人大法制委员会和州人大民族宗教侨务外事委员会的决定》，载恩施土家族苗族自治州人大常委会网，http://www.esrd.gov.cn/rdgb/f253/201609/t20160914_769396.shtml。

② 参见《湘西土家族苗族自治州人民代表大会常务委员会关于设立湘西土家族苗族自治州人民代表大会常务委员会法制工作委员会的决定》。

③ 参见《西双版纳傣族自治州第十二届人民代表大会第六次会议关于设立西双版纳傣族自治州人民代表大会法制委员会的决定》。

④ 参见 2018 年 3 月 11 日，时任全国人大常委会法工委副主任郑淑娜就“宪法修正案”相关问题回答中外记者提问，载新华网，http://www.xinhuanet.com/politics/2018lh/zb/20180311c/wzsl.htm。

情况参见表2－1。

表2－1 30个自治州地方性法规制定权获批时间

自治州	获批时间	自治州	获批时间
延边朝鲜族自治州	2015年7月30日	文山壮族苗族自治州	2016年3月1日
恩施土家族苗族自治州	2016年1月1日	楚雄彝族自治州	2016年8月1日
湘西土家族苗族自治州	2016年3月30日	甘南藏族自治州	2015年11月27日
甘孜藏族自治州	2016年7月23日	临夏回族自治州	2015年11月27日
凉山彝族自治州	2016年7月23日	玉树藏族自治州	2016年12月1日
阿坝藏族羌族自治州	2016年7月23日	海南藏族自治州	2016年12月1日
黔东南苗族侗族自治州	2016年1月1日	黄南藏族自治州	2016年12月1日
黔南布依族苗族自治州	2015年10月1日	海北藏族自治州	2016年7月1日
黔西南布依族苗族自治州	2016年1月1日	海西蒙古族藏族自治州	2016年7月1日
西双版纳傣族自治州	2016年8月1日	果洛藏族自治州	2016年12月1日
德宏傣族景颇族自治州	2016年8月1日	巴音郭楞蒙古自治州	2017年9月27日

续表

自治州	获批时间	自治州	获批时间
怒江傈僳族自治州	2016年8月1日	博尔塔拉蒙古自治州	2016年5月27日
大理白族自治州	2016年8月1日	克孜勒苏柯尔克孜自治州	2017年7月28日
迪庆藏族自治州	2016年8月1日	昌吉回族自治州	2016年4月1日
红河哈尼族彝族自治州	2016年8月1日	伊犁哈萨克自治州	2016年12月1日

表2-1显示,30个自治州中,有4个自治州于2015年获批地方性法规制定权,有2个自治州于2017年获批,其余均于2016年获批。从2015年《立法法》修改起算,整个时间跨度为两年半左右。两年半的时间,足以让各自治州的立法机构进行改革、立法队伍进行重建。但是,立法能力的提升是一个长期的经验积累过程,短时间内让各自治州的立法能力发生实质性变化并不现实。

三、地方性法规制定及审批程序的建立

地方性法规制定权下放到所有设区的市、自治州以后,根据《立法法》、《地方组织法》以及省级人大制定的立法条例,各地建立起地方性法规的制定程序和报请省级人大常委会审查批准的程序。在地方立法权扩容之后制定的自治州立法条例中,对地方性法规的制定程序与自治条例、单行条例的制定程序都是一并作出规定的,与地方立法权扩容之前的自治立法程序相比,其在内容上更为完善。

(一)地方性法规的制定程序

为体现地方立法权扩容前后设区的市、自治州立法程序发生的变化,本节仍以《恩施土家族苗族自治州人民代表大会及其常务委员会立

法条例》为例，简述地方性法规的制定程序。首先，该立法条例规定，立法规划与年度立法计划由自治州人大常委会编制。在编制过程中，要求向社会广泛征求立法建议。其次，法规案的起草。根据人大主导立法的要求，该立法条例规定，有关专门委员会、常委会工作机构应当提前参与法规案的起草工作。同时，根据“开门立法”的精神，规定专业性较强的法规草案，可以委托第三方起草。另外，对法规草案的公开征求意见也进行了明确要求。再次，法规草案提交审议。该立法条例规定了自治州人大及其常委会对法规案的审议程序，尤其是对列入常委会会议议程的法规案，要求相关专门委员会、常委会工作机构采取多种形式听取意见，包括座谈会、论证会、听证会等。最后，自治州表决通过法规案后，向省级人大常委会报请审查批准。

总的来说，与地方立法权扩容前的立法程序相比，扩容后的地方性法规制定程序更为完善。原来由政府在立法过程中发挥主要作用的格局发生变化，人大通过提前介入立法，发挥立法过程中的主导作用。同时，从立法规划和立法计划的制定开始，到法规案起草、审议过程，都十分注重社会公众、专家学者的参与。上述变化，充分体现“科学立法、民主立法、依法立法”原则对于地方立法程序的引领和影响。

（二）省级人大常委会对地方性法规的审查批准程序

省级人大常委会对设区的市、自治州地方性法规的审查批准程序与对自治州自治立法的审批程序相比，从法律规定上看并无差异，但在立法实践中，地方性法规的制定比自治立法要少一个省级政府的审批过程。另外，尽管自治州与大部分设区的市相比，具有多年自治立法累积起来的经验和立法队伍优势，但根据各省级人大发布的立法规程，笔者发现，地方立法权扩容后，各省级人大对自治州地方性法规的审查批准程序，与对其他设区的市并无区别。因此，本节主要以湖北省为例，对省级人大常委会对自治州地方性法规的审批过程进行考察。①

1. 立法计划的制定

根据2015年修改的《立法法》，设区的市、自治州地方性法规制定权限于城乡建设与管理、环境保护、历史文化保护等方面的事项，2023年修改为“城乡建设与管理、生态文明建设、历史文化保护、基层治理等方面的事项”。但在实践中，上述立法事项范围并不明确，因此，省级人大常委会一般通过审定立法计划来防止地方性法规越权，也以此避免重复立法等现象。②

2. 法规案的起草与审议

由于《立法法》对设区的市、自治州地方性法规的审议和表决程序没有明确规定，各省市的规定有所差异。对于涉及事项比较单一，争议较小的法规案，有些省市规定可以经常委会一次审议后通过。但是，省级人大常委会对法规案起草与审议过程的要求也具有一定程度的共性。

3. 法规案的报批

省级人大常委会的审查批准权的主要依据是《宪法》第100条第2款和《立法法》第81条第1款的规定。③ 从上述规定看，虽然对合法性

---

① 需要说明的是，根据《湖北省人民代表大会及其常务委员会立法条例》第57条、第58条的规定，设区的市报请批准的地方性法规，由法制委员会进行审议；自治州、自治县报请批准的地方性法规或者自治条例、单行条例，由省人民代表大会民族宗教侨务外事委员会进行审议。因此，自治州就地方性法规的审查批准，主要与省人民代表大会民宗侨外委员会的工作机构进行沟通。省级人大常委会对地方性法规的审查批准，原本始于自治州人大或常委会审议地方性法规后提交省级人大常委会之时，但在实践中贯穿了立法计划制定、法规案起草与审议、报请批准的全过程。

② 参见刘立可、赵晓思：《省人大出台设区的市立法指导意见》，载《浙江人大》2018年第6期。

③ 根据《宪法》第100条第2款和《立法法》第81条第1款，自治州人大及其常委会，可以依照法律规定制定地方性法规，报本省、自治区人大常委会批准后施行。省、自治区的人大常委会对报请批准的地方性法规，应当进行合法性审查，同宪法、法律、行政法规和本省、自治区的地方性法规不抵触的，应当在4个月内予以批准。

审查的具体内容规定不甚明确,但合法性无疑是省级人大常委会行使批准审查权的唯一标准。① 然而《立法法》第 108 条和第 109 条的规定与之矛盾。② 全国人大常委会、国务院及省级人大对设区的市、自治州地方性法规进行事后监督或备案审查的标准不仅包括合法性,还包括适当性。在备案审查机制的“倒逼”之下,省级人大常委会在报批过程中采用的也远远不止狭义上的“合法性”标准。

根据法律规定,省级人大常委会对设区的市、自治州地方性法规进行合法性审查,但从实践来看,各省级人大常委会往往通过各种方式提前介入,对设区的市、自治州地方性法规制定进行全过程干预,导致审查批准的工作量和风险剧增,③也压缩了地方性法规制定权的行使空间。

四、地方立法协商机制进一步完善

地方立法权扩容之前,法规案的起草主要由政府及相关职能部门主

---

① 全国人大常委会法工委曾指出,“对于地方性法规的规定是否适当、立法技术是否完美、文字表述是否优美,不做审查”。参见全国人大常委会法制工作委员会国家法室编著:《中华人民共和国立法法释义》,法律出版社 2015 年版,第 232 页。

② 依据《立法法》第 108 条和第 109 条的规定,省级人大有权改变或者撤销其常委会制定的和批准的不适当的地方性法规;设区的市、自治州人大及其常委会制定的地方性法规,由省级人大常委会报全国人大常委会和国务院备案。

③ 据统计,在新增行使地方立法权的 272 个设区的市中,2015 年经省级人大常委会批准的地方性法规仅有 4 件。到 2016 年 12 月底,已增加到 278 件。2017 年年底比 2016 年年底增加了 317 件,增长幅度为 114%。从审批时间上看,一件地方性法规从设区的市人大常委会通过,到省级人大常委会批准,从 2015 年的 24.8 天到 2016 年延长至 41 天,再到 2017 年上半年达到 78.8 天,个别地方性法规的审批时间甚至超过了 4 个月乃至半年。相关数据参见闫然、毛雨:《设区的市地方立法三周年大数据分析报告》,载《地方立法研究》2018 年第 3 期。如果再算上省级人大常委会提前介入设区的市地方性法规立项、起草和审议过程的时间,一件地方性法规需要的审查批准周期更长。以湖北省为例,共计 13 个设区的市和自治州拥有地方性法规制定权,一件地方性法规一般要经过设区的市人大常委会三次审议再表决,按照人大常委会的会期,每次至少间隔两个月,因此,每件地方性法规省级人大常委会提前介入的时间至少是在 6 个月,足见周期之长、工作量之大。

导，部门利益"立法化"的现象比较严重。2014 年 10 月，党的十八届四中全会要求，"健全有立法权的人大主导立法工作的体制机制，发挥人大及其常委会在立法工作中的主导作用"。立法权扩容后，《立法法》第 54 条规定，全国人民代表大会及其常务委员会发挥在立法工作中的主导作用。《立法法》第 57 条第 1 款要求人大的专委会、常委会工作机构应当提前参与法律草案的起草工作。① 上述规定对地方的立法机制产生了巨大影响。各地人大以上述规定为契机，建立和完善立法协商机制，并逐步确立其在立法协商过程中的主导作用。本书以地方性法规《某自治州饮用水水源地保护条例》（以下简称《饮用水水源地保护条例》）的一次立法调研会为例，②考察地方立法权扩容后，立法协商过程中各方主体的参与情况以及人大所发挥的作用。

该次会议由自治州人大常委会组织，参与主体包括以下几个方面：人大系统包括以法制委员会为代表的专委会、以环境与资源保护工作委员会为代表的人大常委会工作机构；行政系统包括以州县两级生态环境局为代表的生态环境主管部门、州县两级水利行政主管部门及乡镇水管站、县和乡镇两级政府；基层群众自治组织包括村委会；社会公众的代表为村民代表；专家代表为接受委托参与条例起草的起草专班负责人。③

第一，人大作为立法机关，倾向于从社会总体利益上考虑问题。以人大常委会 C 主任的发言为例，他说"目前，环保部门只管百吨千人以

① 全国人民代表大会有关的专门委员会、常务委员会工作机构应当提前参与有关方面的法律草案起草工作；综合性、全局性、基础性的重要法律草案，可以由有关的专门委员会或者常务委员会工作机构组织起草。

② 笔者于 2018 年 8 月接受某自治州水利和湖泊局委托，作为第三方参与《饮用水水源地保护条例》的起草工作，该立法调研笔录为笔者记录。录入本节时，为突出主题，略去了一些题外话。

③ 参会人员包括：C 主任、Y 总工、Q 局长、T 主任、H 县长、S 队长、G 队长、X 镇长、W 站长、L 主任、F 同志、B 同志。

上,水利部门对农村供水工程的分类则不同。条例草案的分类要考虑与供水工程的建设、投入标准相匹配”,意在协调处理环保与水利部门对饮用水水源地划分和保护标准的差异;他指出“现在的法规应当更强调政府的服务而不是管理”,意在促进政府及相关部门的观念转变;他问村民“村委会、乡镇政府以及有关部门分别应当承担什么责任”?意在引导大家从政府、职能部门和自治组织等角度综合考虑水源地保护的问题。

第二,行政系统主要从本级政府或部门利益出发考虑问题。一方面,侧重于本级政府及部门权责的合理配置问题。例如,X 镇长担心,“……水源地的问题,无论采取报告制还是巡查制,所有责任都在乡镇政府”。由于饮用水水源地保护的执法权主要在环境行政主管部门,因此 Y 总工和 G 队长的发言具有代表性。在讨论过程中,Y 总工不断提到自己对环保部门执法能力的担忧:“如果百吨千人以下的也与百吨千人以上的采取同样的管控标准,环境行政部门的管控风险太大,根本无法实现。”“环保系统的执法能力太有限,(乡镇)不仅没有执法船,连执法车都没有。”G 队长从基层环保执法人员的角度也表达了对环保部门权责失衡的焦虑:“生态环境部门执法队伍压力大,草案几乎所有的法律责任都落在生态环境部门头上。保护区和保护范围划分后才有执法依据,但是划分后执法难度又很大。”另一方面,侧重于政府及相关部门之间权责的合理配置问题。例如,水利监测大队 S 队长建议“第五章第 33 条,将主体‘水利湖泊局’改为‘林业部门’,与前面林业部门的职责对应”。负责环保执法的 G 队长认为,“以个人的游泳、钓鱼等为例,公安部门执法比环保部门执法要有效得多。建议第 38 条的‘有关部门’明确写为‘公安机关’”。其关注点都在自己所在部门与其他相关部门之间的权责划分上。

第三,基层群众自治组织和社会公众代表倾向于从公众利益出发考虑问题。例如,村委会 L 主任和村民 F 同志关注的是村里农药、生活污水、垃圾的处理问题。B同志举出管网维护缺失、争夺水源、破坏水源等问题，说明“完全交由村民自我管理有问题”。站在社会公众的角度，更多关注的是自我管理过程中存在的问题，进而会对有组织的管理提出期待和建议，正如B同志提出的建议：“就三者在分散式水源地的责任而言，村委会协调、乡政府支持村委会、环保部门负责具体执法。”

最后需要指出的是，条例起草专班在该次调研中处于中立地位，其尽可能全面、客观地记录下各方的意见和建议，却没有表达自己的任何利益诉求。在条例草案的起草过程中，尽管第三方接受了行政机关或人大常委会的委托，但并不意味着其代表或服从于行政机关或人大常委会的利益。委托第三方参与立法，目的在于利用其专业优势帮助完成立法草案，第三方并没有独立的利益诉求，这一点区别于其他参与立法的社会公众或利害关系人。

从上述过程可见，与地方立法权扩容前政府在立法过程中的主导作用相比，立法权扩容后，地方人大在立法过程中占据主导作用，其介入立法的时间提前、参与方式更为灵活、参与程度也发生变化。从参与主体上看，主体范围更为广泛，体现出“开门立法”的精神。各参与主体对自身利益也能充分表达、平等地进行交流。

第二节 立法权扩容后地方立法权行使状况的变化

2015年地方立法权扩容后，原来没有立法权的设区的市被赋予了立法权，自治州同时享有自治立法权与部分领域的地方性法规制定权，各地方纷纷出台立法条例，进一步完善立法权的配置和运行依据。

一、立法条例的制定情况

《立法法》修改后，第87条第1款成了立法条例的制定依据。① 大多数省级人大常委会、设区的市都据此修改或制定了立法条例。在地方立法权扩容之前，尽管有自治立法权，但大多数自治州没有制定立法条例，少数自治州制定的立法条例也只适用于自治条例和单行条例。《立法法》没有明确规定立法条例的性质，在一般地方，立法条例当然属于地方性法规；在民族自治地方，由于立法条例既适用于地方性法规案的制定，也适用于自治条例和单行条例的制定，所以其属于一种特殊的单行条例。鉴于其特殊性，本书将自治州的立法条例单列出来分析。

从2016年至今，各自治州先后着手制定或修改立法条例。截至本书写作之时，30个自治州均已制定了立法条例，②其批准及生效时间详见表2－2。

表2－2　30个自治州立法条例制定情况

自治州立法条例	批准时间	生效时间
黔南布依族苗族自治州立法条例	2016年3月31日	2016年3月31日
恩施土家族苗族自治州人民代表大会及其常务委员会立法条例	2016年3月30日	2016年7月1日
博尔塔拉蒙古自治州立法程序规定	2016年7月29日	2016年7月29日

① 《立法法》第87条第1款规定，“地方性法规案、自治条例和单行条例案的提出、审议和表决程序，根据中华人民共和国地方各级人民代表大会和地方各级人民政府组织法，参照本法第二章第二节、第三节、第五节的规定，由本级人民代表大会规定”。

② 需要说明的是，对于30个自治州关于地方立法的规范，大多数自治州称其为“立法条例”，也有些自治州称其为“立法程序”，如《果洛藏族自治州人民代表大会及其常务委员会立法程序规定》。还有自治州称其为“制定地方性法规条例”，如《湘西土家族苗族自治州人民代表大会及其常务委员会制定地方性法规条例》。本书在此统称为立法条例。

续表

自治州立法条例	批准时间	生效时间
甘孜藏族自治州立法程序规定	2016 年 9 月 28 日	2016 年 9 月 28 日
黔西南布依族苗族自治州立法条例	2016 年 9 月 30 日	2016 年 10 月 13 日
延边朝鲜族自治州立法规定	2017 年 3 月 24 日	2017 年 4 月 1 日
昌吉回族自治州立法条例	2017 年 3 月 29 日	2017 年 5 月 1 日
黔东南苗族侗族自治州立法条例	2017 年 3 月 30 日	2017 年 5 月 1 日
黄南藏族自治州人民代表大会及其常务委员会立法程序规定	2017 年 3 月 31 日	2017 年 6 月 1 日
凉山彝族自治州立法条例	2017 年 6 月 3 日	2017 年 6 月 16 日
伊犁哈萨克自治州立法条例	2017 年 5 月 27 日	2017 年 8 月 1 日
文山壮族苗族自治州人民代表大会及其常委会立法条例	2018 年 3 月 31 日	2018 年 4 月 25 日
怒江傈僳族自治州人民代表大会及其常务委员会立法条例	2020 年 3 月 30 日	2020 年 4 月 27 日
玉树藏族自治州人民代表大会及其常务委员会立法程序规定	2018 年 3 月 30 日	2018 年 5 月 1 日
果洛藏族自治州人民代表大会及其常务委员会立法程序规定	2018 年 3 月 30 日	2018 年 5 月 1 日
海南藏族自治州人民代表大会及其常务委员会立法程序规定	2018 年 3 月 30 日	2018 年 5 月 1 日
海北藏族自治州人民代表大会及其常务委员会立法程序规定	2018 年 3 月 30 日	2018 年 5 月 1 日

续表

自治州立法条例	批准时间	生效时间
克孜勒苏柯尔克孜自治州立法条例	2018 年 5 月 20 日	2018 年 7 月 1 日
海西蒙古族藏族自治州人民代表大会及其常务委员会立法程序规定	2018 年 5 月 31 日	2018 年 7 月 1 日
阿坝藏族羌族自治州立法条例	2018 年 5 月 31 日	2018 年 8 月 1 日
甘肃省临夏回族自治州人民代表大会及其常务委员会立法条例	2018 年 5 月 31 日	2018 年 8 月 8 日
红河哈尼族彝族自治州人民代表大会及其常务委员会立法条例	2019 年 3 月 26 日	2019 年 4 月 20 日
大理白族自治州人民代表大会及其常务委员会立法条例	2019 年 3 月 26 日	2019 年 4 月 25 日
德宏傣族景颇族自治州人民代表大会及其常务委员会立法条例	2019 年 3 月 26 日	2019 年 5 月 1 日
甘肃省甘南藏族自治州地方立法条例	2019 年 5 月 31 日	2019 年 6 月 27 日
巴音郭楞蒙古自治州人民代表大会及其常务委员会立法条例	2019 年 7 月 25 日	2019 年 10 月 1 日
湘西土家族苗族自治州人民代表大会及其常务委员会制定地方性法规条例	2020 年 6 月 12 日	2020 年 8 月 1 日
西双版纳傣族自治州人民代表大会及其常务委员会立法条例	2020 年 7 月 29 日	2020 年 8 月 10 日

续表

自治州立法条例	批准时间	生效时间
迪庆藏族自治州人民代表大会及其常务委员会立法条例	2020年7月29日	2020年8月11日
楚雄彝族自治州人民代表大会及其常务委员会立法条例	2020年7月29日	2020年8月28日

自治州的立法条例是立法机关进行自治立法和制定地方性法规的依据,虽然各自治州立法条例通过的时间十分接近,都以《立法法》和各省级人大的立法条例为依据,但也应当结合本地实际予以细化,呈现不同特色。然而,笔者从各自治州立法条例的文本上分析,发现其文本结构、内容都十分相似。

一方面,各自治州立法条例十分相似。在文本结构上,虽然立法条例大多分为五章到八章不等,但基本是"总则—立法计划—人大立法程序—人大常委会立法程序—立法的报批、备案、解释等规定—附则"的结构。从内容上看,大多数自治州立法条例的调整范围包括自治条例、单行条例和地方性法规,只有极少数包含了规章的审查程序,如《阿坝藏族羌族自治州立法条例》第六章、《黔南布依族苗族自治州立法条例》第五章。

另一方面,各自治州的立法条例在内容上与各省级人大的立法条例以及《立法法》的规定十分重复。从立法的基本原则、立法权限、立法计划的制定到整个立法程序,都大同小异。以立法权限的规定为例:第一,在地方性法规制定权限上,《立法法》第81条作出了规定。① 大多数自

① 2015年修改后、2023年修改前,该条为《立法法》第72条,对自治州地方性法规立法事项的表述为:人民代表大会及其常务委员会根据本市的具体情况和实际需要,在不同宪法、法律、行政法规和本省、自治区的地方性法规相抵触的前提下,可以对城乡建设与管理、环境保护、历史文化保护等方面的事项制定地方性法规,法律对自治州制定地方性法规的事项另有规定的,从其规定。

治州都采取了与《立法法》基本一致的表述，如《大理白族自治州人民代表大会及其常务委员会立法条例》第4条。① 只有少数自治州的立法条例对地方性法规所涉事项稍加细化，如《巴音郭楞蒙古自治州人民代表大会及其常务委员会立法条例》第6条。② 第二，在自治条例和单行条例立法权限的规定上，大多数也是照搬《立法法》和《民族区域自治法》的规定，只有《甘孜藏族自治州立法程序规定》等少数条例作出了细化规定。③ 第三，至于自治州人大及其常委会的立法权限分工，大多立法条例都规定得十分抽象，只有《昌吉回族自治州立法条例》等少数条例有稍作细化的规定。④

地方的立法条例既关系地方立法的特色，也关系地方人大、人大常委会的立法权限分配，在民族自治地方还关乎自治立法权与地方性法规制定权的合理配置。立法条例的趋同化，导致其很难为各地解决上述问

---

① 该条第1款的表述是"自治州人民代表大会及其常务委员会根据自治州的具体情况和实际需要，对城乡建设与管理、环境保护、历史文化保护等方面的事项制定地方性法规，法律对自治州制定地方性法规的事项另有规定的，从其规定"。

② 《巴音郭楞蒙古自治州人民代表大会及其常务委员会立法条例》第6条规定："在本条例第五条规定的范围内，地方性法规可以就下列事项作出规定：(一)执行法律、行政法规的规定，需要根据自治州的实际情况作具体规定的事项；(二)属于地方性事务需要制定地方性法规的事项；(三)国家专属立法权以外尚未制定法律、行政法规的事项；(四)法律规定由自治州人民代表大会或者常务委员会制定地方性法规的事项；(五)其他应当制定地方性法规的事项……"

③ 《甘孜藏族自治州立法程序规定》第5条规定，"自治州人民代表大会有权依照自治州的政治、经济、文化的特点，就下列事项可以制定自治条例和单行条例：(一)为保证宪法、法律、行政法规和上级人民代表大会及其常务委员会决议、决定在自治州的遵守和执行，需要制定的；(二)关系自治州政治、经济、教育、科学、文化、卫生、民政、民族等工作的重大事项需要制定的；(三)加强民族团结、维护社会稳定方面需要制定的；(四)有关法律、法规授权民族区域自治地方制定变通或补充规定的事项需要制定的；(五)其它认为需要制定自治条例和单行条例的事项"。

④ 《昌吉回族自治州立法条例》第7条规定："自治州地方性法规规定的事项，有下列情形之一的，应当由自治州人民代表大会通过：(一)法律规定应当由人民代表大会通过的；(二)本行政区域特别重大的事项；(三)自治州人民代表大会认为应当由其制定法规的事项。"

题提供规范指引。

二、地方性法规及单行条例的数量

立法权扩容后,所有设区的市被赋予了立法权,涉及城乡建设与管理、环境保护、历史文化保护等方面事项的地方性法规大量出台。在民族自治地方,自治区和自治县的立法权没有发生变化,自治州由原来的自治立法权变成了自治立法权和地方性法规制定权这两个立法权,原来不享有自治立法权的自治州人大常委会也被授予了地方性法规制定权,除原来每年一次人大会议审议法规草案的自治立法周期,又增加了人大常委会可以每两个月一次审议地方性法规草案的立法周期。立法权限以及机制的一系列变化,加上当地经济社会的发展,极大地刺激了自治州的立法需求。

由于自治州拥有自治立法权和地方性法规制定权两种立法权,比较具有代表性。因此,笔者选取了30个自治州自获得地方性法规制定权以来的立法数量进行了统计分析,①详见表2-3。

表2-3　地方立法权扩容后自治州制定单行条例和地方性法规的数量

自治州	地方性法规制定权获批时间	单行条例	地方性法规	合计
延边朝鲜族自治州	2015年7月30日	1	1	2
黔南布依族苗族自治州	2015年10月1日	3	5	8
甘南藏族自治州	2015年11月27日	1	0	1
临夏回族自治州	2015年11月27日	2	0	2

① 表格数据全部来自北大法宝和各自治州人大官网,统计起始时间为各州获批地方性法规制定权的当天,截止时间为2020年12月1日。各自治州在地方立法权扩容后制定单行条例和地方性法规的详细情况可参见本书附录。

续表

自治州	地方性法规制定权获批时间	单行条例	地方性法规	合计
恩施土家族苗族自治州	2016年1月1日	0	5	5
黔东南苗族侗族自治州	2016年1月1日	1	2	3
黔西南布依族苗族自治州	2016年1月1日	2	2	4
文山壮族苗族自治州	2016年3月1日	0	3	3
湘西土家族苗族自治州	2016年3月30日	3	6	9
昌吉回族自治州	2016年4月1日	1	4	5
博尔塔拉蒙古自治州	2016年5月27日	0	2	2
海北藏族自治州	2016年7月1日	1	0	1
海西蒙古族藏族自治州	2016年7月1日	1	1	2
甘孜藏族自治州	2016年7月23日	1	1	2
凉山彝族自治州	2016年7月23日	2	1	3
阿坝藏族羌族自治州	2016年7月23日	2	1	3
西双版纳傣族自治州	2016年8月1日	0	0	0
德宏傣族景颇族自治州	2016年8月1日	2	1	3
怒江傈僳族自治州	2016年8月1日	0	2	2
大理白族自治州	2016年8月1日	0	1	1
迪庆藏族自治州	2016年8月1日	1	2	3
红河哈尼族彝族自治州	2016年8月1日	0	5	5
楚雄彝族自治州	2016年8月1日	3	4	7

续表

自治州	地方性法规制定权获批时间	单行条例	地方性法规	合计
玉树藏族自治州	2016 年 12 月 1 日	1	2	3
海南藏族自治州	2016 年 12 月 1 日	0	0	0
黄南藏族自治州	2016 年 12 月 1 日	0	1	1
果洛藏族自治州	2016 年 12 月 1 日	0	0	0
伊犁哈萨克自治州	2016 年 12 月 1 日	1	6	7
克孜勒苏柯尔克孜自治州	2017 年 7 月 28 日	0	0	0
巴音郭楞蒙古自治州	2017 年 9 月 27 日	2	4	6
合计		31	62	93

三、对地方性法规和单行条例的选择偏好

虽然从地方立法权下放到各自治州的时间看，上述立法的时间跨度从 2015 年到 2020 年，只有短短 5 年时间，收集的数据有限，但从统计表 2－3 可以看出，虽有少数自治州在获得地方性法规制定权以来，只制定了单行条例，没有出台地方性法规，但自治州制定地方性法规的总数远远大于单行条例。可以说，在地方立法权扩容后，30 个自治州从整体上偏向于制定地方性法规。在对 30 个自治州自地方性法规制定权获批以来的立法数量进行统计的基础上，①为更为全面地分析 30 个自治州立法权选择偏好的影响因素，本书收集了各自治州的地域面积、人口数量、地区生产总值等数据②（见表 2－4）。经过相关性分析，笔者发现自治州的

① 参见第一章第三节表 1－3。

② 数据来源：地域面积、人口数量相关数据来自各自治州政府官网；30 个自治州 2017 年、2018 年、2019 年地区生产总值参见各自治州当年的《政府工作报告》。

立法权选择偏好(以法规数量为代表)与地域面积、人口数量和地区生产总值均无明显的相关性。

表 2-4　30 个自治州的基本情况

所在省份	自治州	州府所在地	辖县(市)数	国土面积/万平方千米	人口数/百万	地区生产总值/亿元		
						2017 年	2018 年	2019 年
吉林	延边	延吉市	8	4.33	210.14	927.58	952.62	723.37
湖北	恩施	恩施市	8	2.41	401.36	801.23	870.95	1159.37
湖南	湘西	吉首市	8	1.55	263.84	582.60	605.05	705.71
四川	阿坝	马尔康市	13	8.3	91.52	295.16	306.67	390.08
	甘孜	康定市	18	15.26	110.11	261.50	291.20	388.46
	凉山	西昌市	17	6.03	521.13	1480.91	1533.20	1676.30
贵州	黔西南	兴义市	8	1.68	360.61	1067.60	1163.77	1272.80
	黔东南	凯里市	16	3.03	475.99	972.18	1036.62	1123.04
	黔南	都匀市	12	2.62	419.89	1160.59	1313.46	1518.04
云南	楚雄	楚雄市	10	2.84	264.53	937.37	1024.33	1251.90
	红河	蒙自市	13	3.29	462.66	1478.57	1593.77	2211.99
	文山	文山市	8	3.15	363.6	809.11	859.06	1081.60
	西双版纳	景洪市	3	1.91	100.02	393.84	417.79	568.09
	大理	大理市	12	2.95	361.88	1066.51	1122.40	1374.93
	德宏	芒市	5	1.12	130.9	356.97	381.06	513.66
	怒江	泸水市	4	1.47	55.1	141.50	161.56	192.51
	迪庆	香格里拉市	3	2.32	41.2	198.65	217.52	251.20
甘肃	临夏	临夏市	8	0.82	204.41	238.80	255.35	303.50
	甘南	合作市	8	4.5	74.23	136.59	155.73	218.33

续表

所在省份	自治州	州府所在地	辖县(市)数	国土面积/万平方千米	人口数/百万	地区生产总值/亿元		
						2017年	2018年	2019年
青海	海北	海晏县	4	3.41	29.67	82.91	83.53	91.70
	黄南	同仁市	4	1.82	27.42	79.01	88.33	—
	海南	共和县	5	4.45	47.24	145.82	158.17	—
	果洛	玛沁县	6	7.64	20.57	37.27	41.45	46.18
	玉树	玉树市	6	20.49	40.96	64.38	64.38	59.8
	海西	德令哈市	8	30.09	40.57	526.19	625.27	666.1
新疆	昌吉	昌吉市	7	7.35	160.98	1224.23	1367.30	1324.74
	博尔塔拉	博乐市	4	2.7	47.54	267.99	330.34	354.29
	巴音郭楞	库尔勒市	9	47.25	127.93	951.50	1027.50	1149.3
	克孜勒苏	阿图什市	4	7.25	62.05	112.12	128.89	159.05
	伊犁	伊宁市	25	26.91	461.71	1742.78	1917.22	2226.5

四、单行条例的内容

由于地方立法权扩容之前自治州只有自治立法权，因此，单行条例涉及社会生活的方方面面，其中地方性事务占很大比重。地方立法权扩容后，自治州单行条例与地方性法规并存，单行条例所涉立法事项是否发生变化？为回答上述问题，笔者将2015年地方立法权扩容后五年的30个自治州单行条例规定城乡建设与管理、环境保护、历史文化保护等事项的比重进行了统计分析（见图2－1），并与立法权扩容前民族自治地方单行条例所规定事项的比重（见图2－2）进行了对比。① 在地方立

① 数据收集截止时间为2019年12月31日；数据来源于北大法宝（http://www.pkulaw.cn/）及各自治州人大官网。

法权扩容后五年来的自治州单行条例中，涉及城乡建设与管理方面的有4件，①涉及环境保护方面的有7件，②涉及历史文化保护方面的有13件，③涉及其他事项的有8件。④

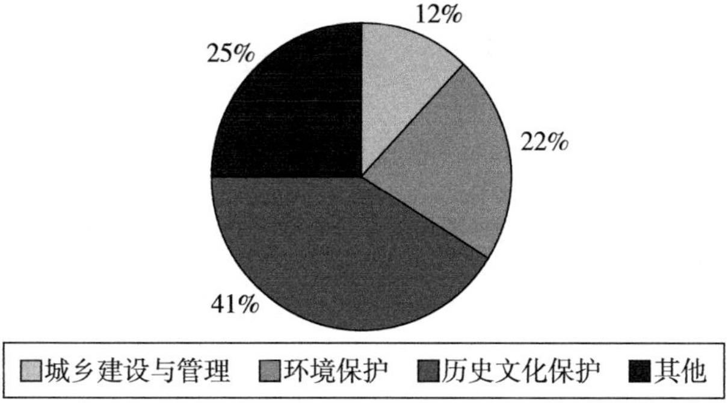

图2－1　地方立法权扩容后自治州单行条例涉及立法事项比重

---

①　包括《昌吉回族自治州乡村治理促进条例（试行）》《黔南布依族苗族自治州村寨规划建设管理条例》《库尔勒经济技术开发区条例》《甘肃省临夏回族自治州物业管理条例》。

②　包括《巴音布鲁克草原生态保护条例》《甘肃省甘南藏族自治州洮河流域生态环境保护条例》《黔南布依族苗族自治州古树名木保护条例》《湘西土家族苗族自治州酉水河保护条例》《湘西土家族苗族自治州高望界国家级自然保护区条例》《延边朝鲜族自治州气候资源开发利用和保护条例》《吉木乃县萨吾尔山冰川水资源保护区域管理条例》。

③　包括《阿坝藏族羌族自治州民族团结进步条例》《阿坝藏族羌族自治州藏语言文字条例》《云南省楚雄彝族自治州彝族十月太阳历文化保护条例》《云南省楚雄彝族自治州彝族服饰保护条例》《云南省楚雄彝族自治州彝医药条例》《云南省德宏傣族景颇族自治州民族教育条例》《云南省迪庆藏族自治州藏医药条例》《凉山彝族自治州民族团结进步条例》《黔东南苗族侗族自治州施秉喀斯特世界自然遗产保护条例》《黔南布依族苗族自治州民族医药保护发展条例》《黔西南布依族苗族自治州民族医药保护与发展条例》《湘西土家族苗族自治州传统村落保护条例》《玉树藏族自治州民族团结进步条例》。

④　包括《云南省德宏傣族景颇族自治州艾滋病防治条例》《甘孜藏族自治州防震减灾条例》《海北藏族自治州全域旅游促进条例》《海西蒙古族藏族自治州促进枸杞产业发展条例》《凉山彝族自治州禁毒条例》《甘肃省临夏回族自治州旅游条例》《黔西南布依族苗族自治州草地生态畜牧业发展条例》《伊犁河谷新疆黑蜂资源保护条例》。

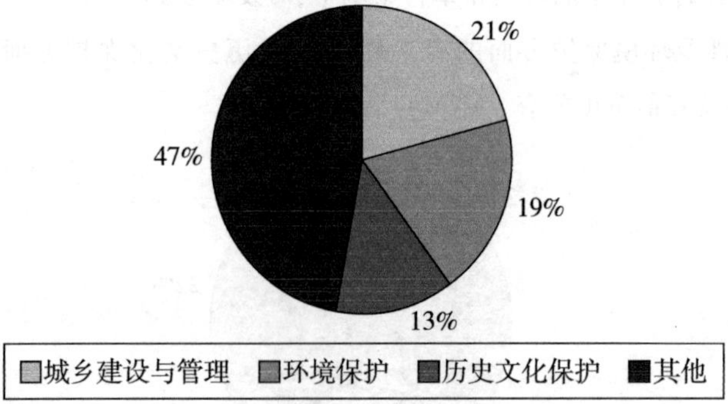

图2－2　地方立法权扩容前民族自治地方单行条例涉及立法事项比重

根据图2－1和图2－2,在地方立法权扩容后五年,尽管自治州已被赋予了城乡建设与管理、环境保护、历史文化保护等方面事项的地方性法规制定权,但自治州单行条例所涉上述三方面事项的比重还是占到75%,与地方立法权扩容之前民族自治地方单行条例规定上述三方面事项的比重53%相比,有增无减。可见,地方立法权扩容至自治州以后,立法机关对单行条例与地方性法规所涉事项范围并无清晰的划分。

五、地方性法规的内容

地方性法规是地方人大及其常委会作为地方权力机关进行的立法。从立法权限上看,《立法法》规定了省、自治区、直辖市、设区的市、自治州等的地方性法规立法权限。① 由于地方性法规属于地方立法,在内容上涉及社会、经济、文化居多,在刑事、民事、行政等基本法律制度以及民主政治领域方面没有太大的立法空间。从立法规范的对象上看,主要包括公民、社会组织和政府行为。从法的运行上看,由于司法活动大多属于中央立法事项,地方性法规规范执法活动的较多。从功能上看,地方

① 根据《立法法》第80条的规定,自治区人民代表大会及其常务委员会有权在不同宪法、法律、行政法规相抵触的前提下制定地方性法规。根据《立法法》第81条第1款、第4款的规定,自治州人民代表大会及其常务委员会在不同宪法、法律、行政法规和本省、自治区的地方性法规相抵触的前提下,有权制定地方性法规。

性法规侧重于地方事务的管理,因此管理性立法较多,由于受法律保留原则的约束,地方性法规对公民实体性权利没有太大立法空间,故而程序性立法较多。从效力和属性上看,虽然《立法法》第82条第2款作出了“先行先试”的授权,①但地方性法规主要还是为了执行法律和行政法规,因此从属性立法居多。鉴于地方性法规的上述特征,从内容上看,地方立法与中央立法、地方立法之间的重复性较多,很难体现出特色和创新。

笔者参与起草的《饮用水水源地保护条例》,可以作为考察立法权扩容后地方性法规制定情况的一个样本,而饮用水水源地保护方面的其他地方性法规,则可视为各地在生态环境保护方面立法的一个缩影。饮用水水源地保护属于生态环境保护的重要内容,也是地方立法的重点关注领域,因此其作为考察地方性法规状况的样本具有代表性。在《饮用水水源地保护条例》草案的起草过程中,笔者收集了当时有效的27部涉及饮用水水源地保护的地方性法规(不包括包含有饮用水水源地保护条款的其他综合性水污染防治立法和自治地方的单行条例),②通过分析,其

---

① 《立法法》第82条第2款规定,除法律保留的事项外,其他事项国家尚未制定法律或者行政法规的,省、自治区、直辖市和设区的市、自治州可以根据本地方的具体情况和实际需要,先制定地方性法规。

② 包括《包头市饮用水水源保护条例》《宝鸡市饮用水水源地保护条例》《成都市饮用水水源保护条例》《滁州市市区饮用水水源保护条例》《大同市饮用水水源保护条例》《广东省饮用水源水质保护条例》《广西壮族自治区饮用水水源地保护条例》《哈尔滨市磨盘山水库饮用水水源保护条例》《海南省饮用水水源保护条例》《杭州市生活饮用水源保护条例》《合肥市饮用水水源保护条例》《湖南省饮用水水源保护条例》《黄冈市饮用水水源地保护条例》《黄石市饮用水水源地保护条例》《六安市饮用水水源环境保护条例》《洛阳市陆浑水库饮用水水源保护条例》《南昌市赣江饮用水水源保护条例》《南宁市饮用水水源保护条例》《青海省饮用水水源保护条例》《日照市饮用水水源地保护条例》《商丘市市区饮用水水源保护条例》《上海市饮用水水源保护条例》《深圳经济特区饮用水源保护条例》《四川省饮用水水源保护管理条例》《随州市城乡饮用水水源保护条例》《铜仁市农村饮用水管理条例》《酉阳土家族苗族自治县饮用水水源地保护条例》27部地方性法规。

内容呈现以下特点：

第一，不同时期的立法体例大同小异。在27部地方性法规中，只有两部没有分章节，即《洛阳市陆浑水库饮用水水源保护条例》(已失效)(2007年1月1日施行)和《滁州市市区饮用水水源保护条例》(2017年1月1日施行)。其余均以章节形式呈现，而且在各章节的内容、顺序安排上大同小异。章节安排属于立法技术问题，在时代变迁中处于相对稳定的状态。

第二，不同时期的立法原则雷同。例如，在27部地方性法规中，有19部没有规定立法原则，有8部规定了立法原则，立法原则条款极为雷同，即保护优先、科学规划、防治结合、综合治理、确保安全等。这说明地方性法规都比较缺乏整体指导思想(如生态文明建设)的指引，也缺乏一种系统思维。《立法法》修改后，地方性法规在立法整体指导思想方面有所加强。

第三，不同时期的调整范围相近。在27部地方性法规中，大部分将调整范围确定为集中式饮用水水源地，甚至是城市集中式饮用水水源地。近年来，只有少数几部地方性法规将调整范围扩大至分散式饮用水水源地，包括2018年8月1日生效的《宝鸡市饮用水水源地保护条例》、2017年5月1日生效的《黄冈市饮用水水源地保护条例》、2018年1月1日生效的《六安市饮用水水源环境保护条例》。

第四，不同时期对所涉主体及其行为的调整方式相似。27部地方性法规所调整的对象除公民和其他组织之外，主要是各级人民政府及环保、水利、国土、农业、林业、城乡规划、旅游、公安、卫生等行政主管部门，在立法内容上也侧重于上述部门的职责分配。不足1/3的立法关注到村(居)民委员会在饮用水水源地保护中的作用，立法中主要是将其作为乡镇人民政府、街道办事处等基层政权的“腿”看待，着重规定其协助落实义务，如陕西省宝鸡市、安徽省滁州市、山西省大同市、广西壮族自治区、海南省、湖南省、六安市、青海省等制定的饮用水水源保护条例。只有极少数地方性法规开始关注和运用村(居)民委员会的自治功能,开始注重发挥其主观能动性,以基层自治弥补行政权行使的不足(尤其是在分散式饮用水水源地的保护中)。

第五,不同时期的法律责任规定方式相似。27 部地方性法规对饮用水水源地的保护方式均与《中华人民共和国水污染防治法》等上位法一致,即集中式饮用水水源地采取一级保护区、二级保护区及准保护区的方式,分散式饮用水水源地则划分保护范围,在保护区和保护范围之内设置禁止措施,限制公民和其他组织的行为,并对相关主管部门的管理权限进行规定。究其原因,禁止措施涉及公民的财产权、人身自由等基本权利,大多数属于法律保留的内容,地方性法规并没有太大的自主立法空间。为避免照抄照搬,极少数地方立法干脆采取概括引用的方式规定法律责任,如《滁州市市区饮用水水源保护条例》(2017 年 1 月 1 日施行)在法律责任中直接规定"依照相关法律法规实施处罚"。只有少数地方性法规对上位法规定的裁量幅度进行细化,或在法定权限范围内创制处罚措施。

受整个立法体制和立法能力的影响,地方性法规在不同程度上存在上述问题,而不限于生态环境方面的立法。在起草恩施州《饮用水水源地保护条例》的过程中,为解决上述问题也作出了一些努力。例如,在调整范围上,不盲目照抄照搬上位法或其他省市的地方性法规,而是结合自治州地处武陵山区、典型的喀斯特地貌、地质结构复杂、人口居住分散、水源地点多面广量大、取水类型复杂多样的特点,将条例的调整重点放在分散式饮用水水源地上。为解决权责不清晰以及基层行政执法力量薄弱的问题,对村(居)民委员会和村(居)民自治作出了详细规定,并将执法机关在保护水源地实践中采取的有效措施加以提炼,力求立法体现出地方特色和创新。

第三节　立法权扩容对地方立法权配置的影响

地方立法机制的状况与立法权的行使状况,实质上都反映出地方立法权的配置状况。地方立法权扩容在一定程度上改变了地方的立法机制和立法权的种类,各主体之间立法权的配置状况必然发生改变。要评估立法权扩容对地方立法产生的影响,除需要对立法机制和立法权行使状况进行考察外,还应对地方立法权配置的合理性进行评判。

一、立法权扩容对地方立法权横向配置的影响

地方立法权的配置,在横向上,包括立法权力、权利在地方党委、人大及其常委会、政府及相关部门、政协、其他人民团体、社会公众、专家学者、新闻媒体等主体之间的配置。权力、权利都是法定的利益,根据《宪法》《立法法》等的规定,上述主体都有参与立法的权力、权利。但立法领域的利益总量是一定的,如何将其合理地在各主体之间进行分配,是问题的关键所在。

(一)地方人大与其常委会之间立法权配置的问题

从我国地方立法权的相关规定看,地方各级人大及其常委会一直是被"捆绑"在一起被赋予立法权的。根据《宪法》的规定,全国人民代表大会是最高国家权力机关,地方人民代表大会是地方国家权力机关,常务委员会是其常设机关。1979年的《地方组织法》第一次以法律的形式赋予了地方人大及其常委会立法权,规定省、自治区、直辖市的人大及其常委会,根据本行政区域的具体情况和实际需要,在和国家的宪法、法律、政策、法令、政令不抵触的前提下,可以制订和颁布地方性法规。1982年《宪法》第100条规定:"省、直辖市的人民代表大会和它们的常务委员会,在不同宪法、法律、行政法规相抵触的前提下,可以制定地方性法规……"1986年《地方组织法》对省会市和较大的市的地方性法规

制定权的授权，1992 年全国人大常委会对经济特区所在地的市的地方性法规制定权的授权，2015 年、2023 年修改《立法法》对所有设区的市的地方性法规制定权的授权，都是将人大及其常委会“捆绑”在一起的。在《宪法》和相关法律中，全国人大及其常委会的立法权限也很难区分。[①]《立法法》第 86 条规定“特别重大事项”，[②]试图为地方人大及其常委会在制定地方性法规方面的权限作出一个基本的分工。但对于什么是“特别重大事项”，《立法法》没有进行进一步解释。

自治州立法条例对于人大及其常委会的立法权限也规定得十分抽象，基本是照搬《立法法》所说的“特别重大事项”。即使如《昌吉回族自治州立法条例》第 7 条稍作了细化规定的，实践中也不具有可操作性：第一，该条规定“法律规定应当由人民代表大会通过的”。经过前面的分析可见，法律对于人大及其常委会的立法权限也没有清晰的规定。[③] 第二，该条规定“本行政区域特别重大的事项”。这一规定完全是对《立法法》的重复，没有任何细化和解释。第三，该条规定“自治州人民代表大会认为应当由其制定法规的事项”。这一规定看似赋予了自治州人大很宽泛的权限，但在实践中都是由人大常委会编制立法计划和立法规划的，如果对二者权限没有事先明确的划分，自治州人大的“认为”很难有实现的依据和途径。

---

① 虽然根据《宪法》第 62 条、第 67 条的规定，全国人民代表大会制定和修改刑事、民事、国家机构的和其他的基本法律，全国人大常委会制定和修改除应当由全国人民代表大会制定的法律以外的其他法律。虽然目前对于究竟何为“基本法律”，还存在不同意见，但宪法的规定为全国人大及其常委会在立法权限上作出了基本的界定和分工，而地方性法规则没有也难作基本和非基本之分。参见全国人大常委会法制工作委员会国家法室编著：《中华人民共和国立法法释义》，法律出版社 2015 年版，第 248 页。

② 《立法法》第 86 条规定，“规定本行政区域特别重大事项的地方性法规，应当由人民代表大会通过”。

③ 《立法法》第 87 条第 1 款规定，“地方性法规案、自治条例和单行条例案的提出、审议和表决程序，根据中华人民共和国地方各级人民代表大会和地方各级人民政府组织法，参照本法第二章第二节、第三节、第五节的规定，由本级人民代表大会规定”。

当然,民族自治地方人大及其常委会的法律地位不同,在立法权配置上也与其他地方有所不同。民族自治地方的人大常委会只是人大的常设机关,不是自治机关,也不享有自治权。① 因此,在2015年地方立法权扩容之前,自治州、自治县只有人民代表大会享有立法权,即自治立法权。自治区长期以来除了享有自治立法权,还享有地方性法规制定权,因此,自治区人大常委会也享有立法权,即地方性法规制定权。

长期以来,5个自治区基本都是以人大常委会制定地方性法规的形式行使立法权,地方立法权扩容前后,自治区人大与其常委会之间立法权的配置状况没有发生变化。根据笔者统计,在广西壮族自治区人民政府网公开的广西壮族自治区从1986年至今制定的法规中,除涉及人大自身活动规则的两部法规,②以及少数地方性法规③由自治区人大制定外,其余均由人大常委会制定。④ 内蒙古自治区人大网公布的2010年至2019年制定的所有法规,除《内蒙古自治区人民代表大会及其常务委员会立法条例》(2001年制定、2016年修正)以外,其余均为自治区人大常委会制定的地方性法规。宁夏回族自治区2008年至2019年在宁夏回族自治区人大网公布的117部法规,均为人大常委会制定的地方性法规。⑤ 在西藏自治区、新疆维吾尔自治区人大网公布的法规中,除2003年制定后2016年和2019年相继修正的《新疆维吾尔自治区人民代表大

---

① 根据《宪法》第112条,民族自治地方的自治机关是自治区、自治州、自治县的人民代表大会和人民政府。《宪法》第116条规定,民族自治地方的人民代表大会有权依照当地民族的政治、经济和文化的特点,制定自治条例和单行条例。

② 2001年1月16日广西壮族自治区第九届人民代表大会第四次会议通过的《广西壮族自治区立法条例》和2007年1月31日广西壮族自治区第十届人民代表大会第五次会议通过的《广西壮族自治区人民代表大会议事规则》。两部法规通过后又经过修改。

③ 如2020年1月17日通过的《广西壮族自治区水污染防治条例》等。

④ 参见广西人大网,https://www.gxrd.gov.cn/html/more916.html。

⑤ 参见宁夏回族自治区人大常委会网,http://www.nxrd.gov.cn/zlzx/dfxfg/,2020年2月7日访问。

会及其常务委员会立法条例》、2001年制定后2017年修订的《西藏自治区立法条例》等极少数法规以外，其他均为自治区人大常委会制定的地方性法规。由于自治区人大极少行使立法权，人大与其常委会之间立法权配置的问题一直以来并没有受到关注。

自治州人大及其常委会在地方立法权扩容后，都被授予了地方性法规制定权，但是自治县人大常委会仍然没有立法权。正如本书第一章第四节所述，虽然自治州与自治县人大常委会长期在自治立法过程中发挥着重要作用，包括立法计划的制定、起草过程的参与以及条例通过后的解释等，但它们的行为一直于法无据。2015年《立法法》修改，改变了自治州人大常委会的法律地位。然而，对于自治州来说，如果不能解决人大与其常委会之间的立法权配置问题，其将要面临的情况也极有可能与自治区的情况无异，人大的立法权难以得到保障。

综上所述，立法权扩容导致地方人大与其常委会之间的立法权重新配置，而《立法法》和各地立法条例都没有解决这个问题。如果对人大与其常委会之间的立法权限划分不清，不仅可能造成人大常委会的地方性法规制定权架空人大的地方性法规制定权的结果，甚至还会导致地方性法规制定权与自治立法权权限范围不清的情况。

（二）地方性法规制定权与自治立法权的配置问题

如前所述，影响地方立法的因素很多，既包括地理位置、人口状况、经济水平、立法需求等自然因素与社会因素，也包括政治环境、立法体制等政治因素。① 在自治区层面，无论是否有自然与社会因素的原因，多年来立法机关都偏好于制定地方性法规。在自治州层面，2015年《立法法》修改前，民族自治地方的自然与社会因素并无太大影响，但获批地方

---

① 根据《立法法》第81条，省级人大常委会确定自治州开始制定地方性法规的具体步骤和时间时，要综合考虑人口数量、地域面积、经济社会发展情况以及立法需求、立法能力等因素。该条规定涵盖了影响民族自治地方立法的一些因素，除此之外，民族自治地方立法还受到立法体制、政治环境等因素的影响。

性法规制定权后，自治州从整体上偏好于制定地方性法规。可见，自然因素与社会因素对民族自治地方立法偏好的影响远不如立法体制的变化。从政治因素上说，多年来民族区域自治制度作为我国的基本政治制度没有丝毫的动摇，①但国家的立法体制在不断发生变化。可见，影响民族自治地方立法偏好的主要因素是立法体制。②

1. 立法权限划分状况的影响

依据现行《民族区域自治法》《立法法》的规定，很难对自治立法权与地方性法规制定权进行区分，民族自治地方在立法权的选择上因缺乏法定依据而趋于盲目、随意。一方面，《立法法》对两种立法权的权限划分没有明确规定。2015 年修改《立法法》之前，5 个自治区享有自治立法权与地方性法规制定权，但没有法律对两种立法权进行区分。《立法法》修改后自治州获得地方性法规制定权。但与自治区情况一样，《立法法》也没有规定自治州自治立法权与地方性法规制定权的权限划分问题。另一方面，《民族区域自治法》的相关规定也无法成为划分依据。该法第三章虽有"自治权"的规定，但民族自治地方的自治机关同时也是地方国家机关，因此"自治权"的规定涵盖了经济、社会、文化等方方面面，无法作为两种立法权的区分依据。

2. 立法机关能力因素的影响

人大在党的领导下，在立法过程中发挥主导作用。因此，在法律规

---

① 民族区域自治于 1954 年被写入《宪法》，在其后 1975 年《宪法》、1978 年《宪法》、1982 年《宪法》修改以及 1984 年《民族区域自治法》制定的 30 年间，从"一个根本性的民族政策"发展为"一项重要政治制度"，再到"一项基本政治制度"。可以说，民族区域自治制度不仅没有动摇，在国家政治生活中的制度地位还得到了不断强化和提升。参见潘红祥、张星：《中国民族法治七十年：成就、经验与展望》，载《民族研究》2019 年第 3 期。

② "立法体制是关于立法权、立法权运行和立法权载体诸方面的体系和制度所构成的有机整体，其核心是有关立法权限的体系和制度。"参见周旺生：《立法学》，法律出版社 2009 年版，第 145 页。民族自治地方立法体制中包含的立法权划分状况、立法主体能力以及立法权运行程序等因素，都影响着民族自治地方的立法偏好。

定比较抽象的情况下，民族自治地方人大的立法能力在很大程度上决定着对两种立法权的把握和选择。从立法实践看，民族自治地方立法能力有限，对两种立法权的属性也缺乏明确的认识，尤其是在自治州层面，就立法权的选择并没有什么一贯的价值准则或依据。唯一比较明显的考虑因素，就是效率。以湘西土家族苗族自治州和恩施土家族苗族自治州协作制定的《酉水河保护条例》为例，由于立法内容涉及环境保护，既可以制定单行条例，也可以制定地方性法规；从立法主体上看，既可由自治州人大制定单行条例或者地方性法规，也可由自治州人大常委会制定地方性法规。《酉水河保护条例》立法计划启动于自治州获批地方性法规制定权之前，起初两个自治州都计划制定单行条例。随着地方立法权下放，在权衡相应立法成本后，两个自治州在合作立法的第一次联席会议上决定，以合作制定地方性法规的方式制定两个自治州的《酉水河保护条例》。根据联席会议决议，2016 年 3 月，恩施州报请七届人大常委会第二十八次会议对《酉水河保护条例》进行了审议。2016 年 9 月 29 日，恩施州七届人大常委会第三十二次会议审议通过《酉水河保护条例》，2016 年 12 月 1 日，湖北省十二届人大常委会第二十五次会议批准该条例。湘西州却因为立法计划的变化，《酉水河保护条例》草案一直拖到 2016 年年底也未交付自治州人大常委会审议。2017 年 1 月 9 日，草案直接由湘西州十四届人大一次会议以单行条例的方式通过，2017 年 3 月 31 日经湖南省人大常委会批准实施。① 从两个自治州酉水河保护条例立法形式的选择上看，无论当时的实际情形或主观考虑为何，恩施州在 2016 年年初选择以地方性法规的形式立法，在一年之内完成审议，避开了自治州人大对单行条例一年一度的审议周期；而湘西州在 2016 年年底选择以单行条例的形式立法，刚好赶上自治州人大一年一度的审议，

---

① 参见戴小明、冉艳辉：《区域立法合作的有益探索与思考——基于〈酉水河保护条例〉的实证研究》，载《中共中央党校学报》2017 年第 2 期。

避开了人大常委会将对地方性法规进行的三次审议(至少需要6个月),它们都以最便捷的方式完成了立法。立法过程中对效率的考虑具有正当性,但是,民族区域自治制度是我国的基本政治制度,民族自治地方自治立法对于维护民族团结、推动各民族共同发展有着重要意义,如果在立法实践中只考虑效率,就有违民族区域自治制度的初衷。

3.立法程序因素的影响

从立法程序上看,民族自治地方两种立法权的行使都要经过起草、审议、报批等程序,但自治立法过程中存在的障碍较多,这也是民族自治地方选择制定地方性法规的重要考虑因素。在起草、审议过程中,虽然民族自治地方人大是法定的自治立法权行使主体。但是,人大每年只召开一次会议,间隔周期长、会期短。在其闭会期间,民族自治地方人大常委会承担了大量立法工作,但其行为于法无据,导致一些自治立法工作很难开展。[①] 如果选择制定地方性法规,则民族自治地方人大及其常委会都有法定主体资格,上述问题就不存在。对于报批程序,根据《立法法》第81条、第85条,自治区有权制定地方性法规,但是行使自治立法权却需报经全国人大常委会批准。在自治州层面,除《民族区域自治法》《立法法》规定的自治立法必须报经省级人大常委会审批外,一些省市还规定了自治立法报经省级人民政府审批的"工作程序",加剧了自治立法效率低、出台难的困境。[②]

综合上述民族自治地方立法偏好的影响因素,两种立法权的权限划分在法律层面上缺乏依据,民族自治地方立法机关又缺乏对其准确认识和把握的能力,自治立法程序的缺陷更是让上述境况"雪上加霜"。从解决路径上说,程序问题目前已不是认识层面的问题,需要通过立法体制

① 参见冉艳辉:《民族自治地方立法权的合理配置探析》,载《学术交流》2017年第2期。

② 参见彭建军:《自治区自治条例所涉自治立法权问题研究》,载《民族研究》2015年第2期。

的进一步改革与完善才能解决。要实现民族自治地方两种立法权的合理配置与规范运用,未来无论是有权机关通过《民族区域自治法》《立法法》对两种立法权界限予以明确,还是民族自治地方立法机关发挥主观能动性依法界分两种立法权,其前提都是对两种立法权权限的清晰认识。

民族自治地方的自治立法权与地方性法规制定权是两种性质不同的立法权,不能相互取代。民族区域自治制度是我国的基本政治制度之一,自治立法权是民族自治地方自治权的重要内容,民族自治地方的自治立法权对于维护民族团结、推动各民族共同发展有着重要意义。而且从相关法律规定上看,两种立法权的范围也不尽一致。[①] 地方立法权下放到自治州以后,自治立法权与地方性法规制定权的配置问题愈加凸显。

(三)地方人大在立法过程中的主导作用还有待进一步明确

利益的多元化决定了立法过程是一个利益博弈的过程,谁掌握了立法工作的主导权,谁就掌握了话语权(法规案内容的决定权)。《立法法》规定,要加强人大对立法工作的组织协调、发挥人大在立法工作中的主导作用。就人大所代表的社会总体利益来说,该规定是具有正当性的。但在实践中,地方人大主导作用的发挥还是不尽如人意。笔者认为主要存在以下几方面问题:

第一,人大主导立法的时机。如果人大介入立法的时间太晚,法规

---

① 《民族区域自治法》第三章专章予以规定,民族自治地方在经济、贸易、文化、教育、卫生、体育、环保、计划生育、流动人口管理、自然资源管理等方面可以进行自治立法。地方性法规制定权主要是为了保证地方更有效地管理本行政区域内的各种事务,体现的是《宪法》规定的"遵循在中央的统一领导下,充分发挥地方的主动性、积极性的原则"。自1979年《地方组织法》赋予地方立法权以来,地方立法权的主体和权限也在不断调整。虽然从相关立法文本看,对地方性法规制定权与自治立法权的事项范围划分并不清楚,但二者也并非一致,尤其是在自治州这一级,其自治立法权范围要大得多。参见冉艳辉:《民族自治地方立法权的合理配置探析》,载《学术交流》2017年第2期。

案的起草阶段大多由政府及相关职能部门主导，导致无论是立法过程还是法规案本身，都很难体现出人大的主导作用。以恩施州为例，地方立法权扩容后，恩施州在不断总结经验的基础上形成了新的人大主导立法方式：成立立法工作领导小组，由州人大常委会分管立法工作的副主任任组长，州人大有关专门委员会和政府有关部门负责人任副组长，州直相关部门负责人为成员。领导小组负责组织、协调立法工作中的具体事项，领导小组下设办公室，办公室设在州人大常委会法制工作委员会，负责领导小组日常工作。立法工作领导小组全程领导法规起草工作，掌握委托立法的进度。①《饮用水水源地保护条例》，就是该州人大常委会通过立法工作领导小组，真正做到提前介入立法工作的实例。

第二，"人大主导立法"的主体与客体。立法是一个多方利益博弈的过程，如学者所说，"我们发现我们自己是与很多人一起生活和行动，而就正义、权利或政治道德而论，我们与他们分享一个观点的希望很渺茫"②。如果将立法过程看作一个建立行动的共同基础的过程，那么在正义问题上，行动的共同基础必须在我们的分歧最激烈的时候被淬炼出来，而不是通过假设一种只是作为立项而存在的冷静的一致同意来断定的③。人大主导立法的客体究竟是什么，是对利益选择的主导，还是对博弈过程的主导？人大主导立法，究竟是人民代表大会的主导，还是其常委会的主导？人大的专门委员会、常委会的工作机构甚至是常委会的

---

① 在第二十四次全国地方立法工作座谈会上，原湖北省人大常委会副主任胡志强重点介绍了这种"党委领导、人大主导、政府法制机构服务保障以及专家专班参与的'直通车'"式的立法机制探索。参见胡志强：《第二十四次全国地方立法工作座谈会大会发言材料之五　创新立法工作机制　着力提高立法质量》，载中国人大网，http://www.npc.gov.cn/npc/c1773/c1848/c21114/c35254/c35258/201905/t20190521_261815.html。

② ［美］杰里米·沃尔德伦：《立法的尊严》，徐向东译，华东师范大学出版社2019年版，第166页。

③ 参见［美］杰里米·沃尔德伦：《立法的尊严》，徐向东译，华东师范大学出版社2019年版，第167页。

领导,在“人大主导立法”过程中应当发挥怎样的作用？上述问题目前都还缺乏明确的规范依据。

第三,人大主导立法的方式。人大在立法审议过程中对利益博弈过程的主导很难实现。法规案虽然要经过人大或其常委会的审议通过,但在审议之前,法规案的主要内容已经形成,审议过程中的讨论和意见,即使得到采纳,也很难起到决定作用。真正影响法规案内容的是起草过程中的立法协商机制,立法参与主体之间的利益博弈也主要发生在立法协商过程中。参与立法协商的主体不仅存在表达能力、认知水平、生活经历等方面的差异,其代表的利益群体也各有差异,毕竟人是社会的动物,很难脱离自身利益去思考问题。利益多元化是必然的,人大常委会C主任的发言能够从社会总体利益出发,积极引导政府、职能部门、自治组织的利益代表者充分发表意见,并从中进行协调,虽然最后没有达成明确共识,但在总结时指出“城镇的水源地主要是政府及相关部门管控,关于乡村水源地的制度设计要为其留下发展的空间”,也是为草案指明了方向,应该说该次调研基本能够体现“人大主导”的精神。

综上所述,人大主导立法既包括对整个立法过程的主导,还包括在立法审议、立法协商等具体环节中的主导。要实现人大主导立法,至少先要从理论上澄清如下问题:“人大主导立法”的时机、主体、客体、方式等。然后还要对人大主导立法的内容进一步明确,为实践提供依据。

二、立法权扩容对地方立法权纵向配置的影响

根据《宪法》《立法法》的相关规定,设区的市、自治州的地方性法规都必须经过上级国家机关的审批、备案。因此,地方立法权的纵向配置,主要是指立法权在设区的市、自治州人大及其常委会与作为上级国家机关的政府或者人大(包括常委会)之间的配置。

(一)自治立法审批趋于严格

虽然2015年、2023年《立法法》两次修改均未对自治条例和单行条例的立法权限和制定程序作出调整,但是对自治州、自治县自治立法的备案程序作出了修改，要求在报送备案时对变通情况作出说明。[①] 备案程序的修改，必然使省级人大常委会对自治立法的审查批准程序、自治州与自治县的自治立法程序都作出相应调整。鉴于上述规定，从实践中看，各省级人大常委会对自治立法的审查趋于严格。

（二）设区的市、自治州与省级人大常委会之间的权力配置

地方立法权扩容后，《立法法》及各地立法条例针对设区的市、自治州设置了地方性法规制定程序。如前所述，省级人大常委会对设区的市、自治州地方性法规的立法计划、起草审议过程和报请批准进行全过程控制。省级人大常委会对地方性法规的制定进行全过程控制，主要原因是出于地方性法规制定主体立法能力的考虑。例如，正如本章第一节所述，30 个自治州获得地方性法规制定权的时间跨度为两年半，其余设区的市的获批时间也差不多。鉴于大量获批地方立法权的主体并没有立法经验，在短短两年半的时间内建立起来的立法队伍水平有限，省级人大常委会采取措施予以培训、指导有合理性。但是有以下问题值得讨论：

第一，对自治州与设区的市是否应当区别对待。从地方性法规制定权的授权方式上看，《立法法》第 81 条主要规定了设区的市的地方性法规制定权，对于自治州，由于其法律地位等同于设区的市，因此也获得了地方性法规制定权。可见，《立法法》下放地方性法规制定权主要是为了解决设区的市没有立法权的问题，自治州“顺带”也增加了一项立法权。因此，省级人大常委会在批准设区的市和自治州开始行使地方性法规制

① 2000 年《立法法》第 89 条第 3 项规定：自治州、自治县制定的自治条例和单行条例，由省、自治区、直辖市的人民代表大会常务委员会报全国人民代表大会常务委员会和国务院备案。2015 年修改的《立法法》第 98 条第 3 项规定：自治州、自治县的人民代表大会制定的自治条例和单行条例，由省、自治区、直辖市的人民代表大会常务委员会报全国人民代表大会常务委员会和国务院备案；自治条例、单行条例报送备案时，应当说明对法律、行政法规、地方性法规作出变通的情况。2023 年《立法法》为第 109 条第 3 项。

定权时，就应当区别对待。从各省实际情况看，各省级人大常委会对设区的市和自治州获批地方性法规制定权的条件设置并无差别、批准时间也十分相近，导致毫无立法经验的设区的市与具备立法经验的自治州在“同一个起跑线上”开始行使地方性法规制定权。那么，各省市对设区的市和自治州地方性法规制定过程的控制是否应当有差别？

第二，省级人大常委会目前对设区的市、自治州的地方性法规制定过程的控制方式将会导致的问题。《立法法》下放地方性法规制定权的初衷，是在维护国家法治统一的前提下，发挥地方的积极性和主动性。设区的市、自治州获得地方性法规制定权以后，地方立法空间增大，更能因地制宜地制定规则解决本地区的问题，但是省级人大常委会的全过程控制，致使设区的市、自治州不得不花大量的时间和精力与省级人大常委会相关部门进行沟通，立法成本增加。由于逐渐形成对省级人大常委会的依赖，设区的市、自治州提高自身立法能力的积极性也降低。同时，省级人大常委会对本省范围内设区的市、自治州地方性法规投入的精力和时间也将成为“无底洞”。这种全过程控制还会导致上下级人大之间立法责任不明确的问题。如果省级人大常委会对地方性法规的制定过程长期指导，那么设区的市、自治州就会失去承担责任的意识和能力。由于2015年《立法法》授权设区的市、自治州制定地方性法规的权限只限于城乡建设与管理、环境保护和历史文化保护三方面，空间十分有限，因此2023年修改《立法法》时扩展为“城乡建设与管理、生态文明建设、历史文化保护、基层治理等方面的事项”。但是，如果不能解决当前省级人大常委会与设区的市、自治州在地方性法规制定过程中的权限划分问题，即使扩大了地方性法规所涉的事项范围，也无法解决当前地方立法存在的问题。

从立法全过程看，虽然都是由设区的市、自治州人大常委会具体安排操作，但决定权实质上掌握在省级人大常委会手上。例如，如果设区的市、自治州人大常委会与省级人大常委会就立法计划的意见不一致，则后者的意见占据优势。因此，对于立法计划或审议过程中草案的某些内容，设区的市、自治州人大常委会为了获得省级人大常委会及其相关工作部门的支持，不得不花大量时间和精力进行沟通。权力行使空间被压缩必然导致责任承担的推诿，设区的市、自治州制定地方性法规的积极性降低、责任心减弱，省级人大常委会的工作量也会加大。

一方面，省级人大常委会及相关工作部门在地方性法规制定过程中处处干预设区的市、自治州的决定，设区的市、自治州提高自身立法水平的主动性和积极性也随之降低。设区的市、自治州获得地方性法规制定权后，由于自身立法力量有限，也积极采取了一些应对措施，如通过参加培训、学习提高立法水平，通过委托科研院所等第三方参与立法增强立法能力。但是省级人大常委会对立法的全过程控制，既压缩了设区的市、自治州制定地方性法规的权力空间，也消解了其提高立法能力的努力。

另一方面，对省级人大常委会的过度依赖，必将导致设区的市、自治州逐渐失去承担责任的意识和能力。目前的立法机制中，对立法的责任追究制度并不明确，但实践中相应事件不断出现。例如，2016 年，全国人大常委会对浙江省人大常委会批准的、杭州市人大常委会制定的《杭州市道路交通安全管理条例》与《行政强制法》相关规定的不一致进行了立法监督，要求其对条例进行修改。① 2017 年 7 月，党中央公开通报甘肃祁连山自然保护区生态环境遭受严重破坏的问题，《甘肃祁连山国

---

① 2015 年 10 月，浙江省杭州市居民潘某斌骑行的一辆电动自行车被杭州交警依据《杭州市道路交通安全管理条例》扣留。潘某斌认为，该条例在道路交通安全法的有关规定之外，增设了扣留非机动车并托运回原籍的行政强制手段，违反了法律规定，因此于 2016 年 4 月致信全国人大常委会提出审查建议，请求撤销该条例中违反行政强制法设立的行政强制措施。全国人大常委会法工委认为条例关于扣留非机动车并强制托运回原籍的规定与行政强制法的规定不一致，遂与杭州市人大常委会进行沟通，要求制定机关进行研究，对条例规定进行修改。杭州市人大常委会将条例的修改列入 2017 年立法计划。参见杨维汉、陈菲：《一辆电动自行车牵动全国人大常委会》，载新华网，http://www.xinhuanet.com/politics/2017-02/26/c_1120531540.htm。

家级自然保护区管理条例》成为“在立法层面为破坏生态行为放水”的实例。[①] 如果不能合理配置省级人大常委会与设区的市、自治州在地方性法规制定过程中的权力,必然也无法划清二者的责任。

同时,省级人大常委会在地方性法规审查批准工作中也会逐渐不堪重负。以湖北省为例,全省有13个设区的市和自治州享有地方性法规制定权,一件地方性法规按照规定要经过设区的市、自治州人大常委会三次审议再表决,每次会期至少间隔两个月,因此,省级人大常委会提前介入的时间至少是在6个月,足见周期之长、工作量之大。

第三,省级人大常委会对设区的市、自治州的地方性法规制定过程进行控制的法定边界问题。2015年修改的《立法法》和2018年修改的《宪法》先后赋予设区的市、自治州地方性法规制定权以及省级人大常委会对地方性法规的审查批准权。从《立法法》的权力配置思路上看,[②]要更好地发挥设区的市、自治州的主动性和积极性,省级人大常委会的审查批准权就不能对立法过程大包大揽、超越边界,而只能是一种立法监督权。立法监督分为事前监督和事后监督,对地方性法规的审查批准属于事前监督,国务院和全国人大常委会的备案监督则属于事后监督。立法权与立法监督权是两种性质不同的权力,存在各自的权力内容、责任承担方式和边界,如果法律规定不完善或者权力行使不当,就会造成一种权力对另一种权力的非法干预和侵占。根据《立法法》的规定,这个“边界”是立法监督权对立法权的合法性审查。但是合法性审查标准在立法上和实践中都十分模糊,需要权威机构进一步予以明确。

---

① 参见朱宁宁:《着力做好地方规范性文件专项清理工作——全国人大常委会法工委就地方立法“放水”事件作出权威回应》,载新浪网2018年9月25日,http://www.npc.gov.cn/npc/c1773/c1848/c21114/c35254/c35257/201905/t20190521_263907.html。

② “地方性法规的制定权,主要是为了保证地方更有效地管理本行政区域内的各种事务,体现的是宪法规定的‘遵循在中央的统一领导下,充分发挥地方的主动性、积极性的原则’。”参见全国人大常委会法制工作委员会国家法室编著:《中华人民共和国立法法释义》,法律出版社2015年版,第244页。

值得关注的是,省级人大常委会对地方性法规的审批权变为对地方性法规的全过程控制权这一问题,目前已经引起全国人大的高度重视,并且明确要求省级人大常委会将合法性作为审查批准地方性法规的唯一标准。① 一些省级人大常委会也随之对本省市的地方性法规审批程序进行了调整,但从调整后的相关措施看,还是没有从根本上认清省级人大常委会审查批准权的性质,对人大的工作指导与合法性审查没有进行明确区分。

---

① 原全国人大宪法和法律委员会主任委员李飞在第二十五次全国地方立法工作座谈会上的讲话中指出,合法性审查标准是立法法明确规定的省(区)人大常委会对设区的市法规进行审查批准必须坚持的唯一标准。参见李飞:《加强和改进省(区)人大常委会对设区的市立法工作的审批指导》,载中国人大网,http://www.npc.gov.cn/npc/c2/c30834/201911/t20191119_302228.html。

第三章　地方立法机制的变迁及其理论基础

地方立法机制是行使地方立法权的制度保障，主要包括立法机关的设置、立法机关与各参与主体之间的权力或权利配置以及相应主体权力、权利的行使程序。立法机制决定了立法权的实施方式和效果。立法过程中存在复杂的利益关系，立法过程的参与者常常“被假定考虑了所有各种利益，包括潜在集团的利益”①，但事实上，立法过程是一个复杂的利益平衡过程，利益平衡过程具有多大程度的公平性和正当性，取决于立法机制的设计。本章讨论支撑地方立法机制构建与运作的理论基础，除作为非自治地方立法机制理论基础的代议制民主与协商民主之外，还包括民族区域自治的基本原理。

---

① ［美］乔·B. 史蒂文斯：《集体选择经济学》，杨晓维等译，上海人民出版社、上海三联书店2003年版，第17页。

第一节　地方性法规制定机制的变迁及其理论基础

2015年以来的立法权扩容对地方最大的影响,是赋予了设区的市、自治州在相关领域的地方性法规制定权,并且建立了地方性法规立法机制。本节将对地方性法规制定机制的理论基础进行考察。

一、地方性法规制定机制是代议制民主与央地分权程度的体现

根据《宪法》、《立法法》及相关法律规范的授权,省、自治区、直辖市、设区的市、自治州人大及其常委会有权制定地方性法规,其中设区的市和自治州的地方性法规制定权在城乡建设与管理、生态文明建设、历史文化保护、基层治理等事项范围内行使。其中,民族自治地方的地方性法规制定权与同一级别的非自治地方相比,在立法权的权力属性、行使主体和程序上都不存在差别,而且都体现了代议制民主的精神和中央与地方的分权状况。

地方性法规制定权由地方人大及其常委会行使,地方人大及其常委会由当地人民选举代表组成,根据现行的立法条例,地方性法规案一般要通过人大或者常委会代表的两次至三次审议才能表决通过。在立法机构组成和立法程序的设计上,地方人大及其常委会的地方性法规制定权体现了代议制民主的精神。

从我国地方性法规制定权的发展历史可见,无论是1954年《宪法》收回地方的立法权、只保留民族自治地方的立法权,还是1979年《地方组织法》修改后逐步下放地方性法规制定权,我国的立法体制始终在寻求一个集权与分权之间的"黄金分割点"。① 中国幅员辽阔,各地之间发

① 正如苏力教授所说,"中国的立法体制应当在统一性和多样性这两个同样值得追求的极端之间保持一种必要的张力,寻找黄金分割点"。参见苏力:《当代中国的中央与地方分权——重读毛泽东〈论十大关系〉第五节》,载《中国社会科学》2004年第2期。

展不平衡。但是过多的地方分权又会导致越权立法、重复立法等问题，不利于国家的法治统一，浪费立法资源。因此，地方性法规制定权的扩容程度，直接体现了我国中央与地方的分权程度。

二、地方人大及其常委会之间的立法权限划分原理

由于地方性法规制定权是一并授予地方人大及其常委会的，因此地方人大常委会的立法权主体资格不存在问题。但是，人大及其常委会之间存在权限划分的问题，包括地方性法规的制定、修改、解释等权限。

（一）地方人大及其常委会制定地方性法规的权限划分

在一些地方，地方性法规主要由人大常委会制定，甚至有些地方的人大没有制定过地方性法规。无论原因为何，①如果地方人大制定地方性法规的权力在一定程度上被虚置，是不符合人民代表大会制度的精神和宪法、法律规定的原意的。

考察我国地方立法权的发展历史，可见地方各级人大及其常委会的立法权长期是一起发挥作用的，地方立法权的扩容也是同时作用于地方人大及其常委会的。② 在全国人大及其常委会层面，《宪法》规定了全国

---

① 究其原因主要有三：一是《宪法》《地方组织法》等法律规范没有对地方人大及其常委会制定地方性法规的权限范围进行明确划分；二是基于人大的会议制度，会期短、时间紧，很难将地方性法规案列入议程；三是一些地方人大常委会对于地方人大制定地方性法规的权力认识不足。参见全国人大常委会法制工作委员会国家法室编著：《中华人民共和国立法法释义》，法律出版社2015年版，第248页。

② 例如，1979年《地方组织法》规定省、自治区、直辖市的人大及其常委会，根据本行政区域的具体情况和实际需要，在和国家的宪法、法律、政策、法令、政令不抵触的前提下，可以制订和颁布地方性法规。这是第一次以法律的形式授予地方人大及其常委会立法权。1982年《宪法》第100条第1款规定："省、直辖市的人民代表大会和它们的常务委员会，在不同宪法、法律、行政法规相抵触的前提下，可以制定地方性法规……"该规定确认了1979年《地方组织法》规定的地方立法制度。1986年修改《地方组织法》，授权省会市和较大的市的人大及其常委会制定地方性法规。1992年七届全国人大常委会第二十六次会议通过了《关于授权深圳市人民代表大会及其常务委员会和深圳市人民政府分别制定法规和规章在深圳经济特区实施的决定》，随后，厦门、珠海、汕头等经济特区所在地的市人民代表大会及其常务委员会也陆续获得授权。2000年制定《立法法》时增加规定，经济特区所在地的市的人大及其常委会也可以制定地方

人大制定“基本法律”。[①]从理论上说，可以区分全国人大的立法权与全国人大常委会的立法权，即“前者制定基本法律，后者制定非基本法律”[②]，但深究之后却并非如此。[③]在地方人大及其常委会层面，《立法法》修改后规定了“特别重大事项”由人大制定地方性法规，但也未能就地方人大及其常委会在制定地方性法规方面的权限作出一个明确的分工。[④]

1.“特别重大事项”的含义

通过对《立法法》进行文义解释，无法明确“特别重大事项”的含义，可以进一步从其他相关规范中探寻相关概念的含义。例如，《地方组织法》第 11 条第 3 项规定了“重大事项”。[⑤]那么，“特别重大事项”应该是上述“重大事项”中更为“重大”的事项。但“特别重大”强调的是程

性法规。2015 年修改《立法法》，赋予所有设区的市的人大及其常委会在城乡建设与管理、环境保护、历史文化保护三个方面的地方性法规制定权。2023 年修改《立法法》，赋予所有设区的市的人大及其常委会在城乡建设与管理、生态文明建设、历史文化保护、基层治理等方面的地方性法规制定权。

① 根据《宪法》第 62 条、第 67 条的规定，全国人民代表大会制定和修改刑事、民事、国家机构的和其他的基本法律，全国人大常委会制定和修改除应当由全国人民代表大会制定的法律以外的其他法律。

② 蔡定剑：《中国人民代表大会制度》，法律出版社 2003 年版，第 239 页。

③ “虽然目前对于究竟何为‘基本法律’，还存在不同意见，但宪法的规定为全国人大及其常委会在立法权限上作出了基本的界定和分工，而地方性法规则没有也难作基本和非基本之分。”参见全国人大常委会法制工作委员会国家法室编著：《中华人民共和国立法法释义》，法律出版社 2015 年版，第 248 页。

④ 2015 年修改的《立法法》试图为地方人大及其常委会在制定地方性法规方面的权限作出一个基本的分工，其第 76 条规定，“规定本行政区域特别重大事项的地方性法规，应当由人民代表大会通过”。但什么是“特别重大事项”，《立法法》没有进一步解释，实践中仍然区分困难。

⑤ 《地方组织法》第 11 条第 3 项规定，县级以上的地方各级人民代表大会有权讨论、决定本行政区域内的政治、经济、教育、科学、文化、卫生、生态环境保护、自然资源、城乡建设、民政、社会保障、民族等工作的重大事项和项目。

度问题,[①]至于“特别重大事项”具体包括哪些,在《立法法》中很难明确,只能留给各地方人大裁量。

2.“特别重大事项”的决定权

尽管“特别重大事项”难以在《立法法》中规定,但在具体的地方立法过程中,还是需要明确的。人大常委会是人大的常设机构,二者之间并不存在分权的问题,讨论立法事项的划分,涉及的是立法权的科学、合理配置问题,目的是更好地行使立法权。因此,人大应当对某一时期的“特别重大事项”行使决定权,或者通过人大制定“特别重大事项”的决定程序或规则。[②]

另外还需要指出的是,《立法法》规定“特别重大事项”由地方人大制定地方性法规,并不意味着地方人大仅仅有权针对“特别重大事项”制定地方性法规,“基于人民代表大会制度的基本原理,只要是属于地方人大职权范围内的事项,地方人大都有权制定地方性法规”[③]。

(二)地方人大及其常委会对地方性法规的修改、废止

《宪法》第 67 条规定了全国人大常委会对法律的修改权限,[④]依据

---

① 正如学者所说,“特别重大事项是客观存在的,但存在的空间和时间都是相对的。在不同的时间和不同的环境中有不同的特别重大事项,即使是同一事项,在不同时间和不同环境中,其特别的程度也是不一样的,难以用同一标准去衡量”。参见梁国尚:《对特别重大事项立法问题的审视与思考》,载《法学杂志》2001 年第 4 期。

② 据学者统计,从制度实践来看,除《山西省人民代表大会及其常务委员会讨论、决定重大事项的规定》外,都是由人大常委会讨论、决定重大事项的规定。在这种情况下,不仅地方人大讨论、决定重要事项的权力没有得到发挥,人大常委会还自己为自己的运行制定规则,在一定程度上逐渐独立于其所从属的人民代表大会,进一步架空了人民代表大会本身。参见宋方青等:《我国地方立法权配置的理论与实践研究》,法律出版社 2018 年版,第 251 页。

③ 全国人大常委会法制工作委员会国家法室编著:《中华人民共和国立法法释义》,法律出版社 2015 年版,第 248 页。

④ 根据《宪法》第 67 条的规定,全国人大常委会对法律的修改权限为:第一,修改除应当由全国人大制定的法律以外的其他法律;第二,修改时间为全国人大闭会期间;第三,只能对全国人大制定的法律进行部分补充和修改;第四,不得同该法律的基本原则相抵触。

《宪法》相关规定，地方人大常委会对地方性法规的修改应当遵循如下原则：第一，地方人大专属立法事项范围的立法，只能由人大进行修改；第二，在地方人大闭会期间进行修改，并且只能进行部分补充和修改，并且不得同该法规的基本原则相抵触。至于地方性法规的废止，当然要遵循"谁立法、谁废止"的原则，只有原立法机关或得到制定机关授权的机关才具备废止法规的权限。① 也即，如果没有得到人大的特别授权，地方人大常委会无权废止人大制定的法规。目前的地方立法条例中，一般都对地方性法规修改的程序、主体以及原则作出了规定。②

（三）地方人大及其常委会对地方性法规的解释权

地方人大常委会对地方性法规的解释权早有规定。③ 随着地方立法权的扩容，地方性法规的制定主体越来越多，行使解释权的主体也越来越多，2015年以后扩大到设区的市、自治州人大常委会。一些设区的市、自治州不仅规定人大常委会有法规解释权，还规定其解释的效力等同于法规本身。④ 这样，原本属于人大专属立法权的事项，不可以由人

---

① 参见李林：《立法理论与制度》，中国法制出版社2005年版，第234页。

② 例如《恩施土家族苗族自治州人民代表大会及其常务委员会立法条例》第6条第2款规定，在州人民代表大会闭会期间，州人民代表大会常务委员会可以对州人民代表大会制定的地方性法规进行部分补充和修改，但不得同该法规的基本原则相抵触，补充和修改情况应当向州人民代表大会报告；《黔南布依族苗族自治州立法条例》第5条第3款规定，在自治州人民代表大会闭会期间，自治州人民代表大会常务委员会可以对自治州人民代表大会制定的地方性法规进行部分修改，但不得与其制定的原则相抵触。

③ 早在1981年6月10日五届全国人大常委会第十九次会议上通过的《全国人民代表大会常务委员会关于加强法律解释工作的决议》中，就有如下规定："凡属于地方性法规条文本身需要进一步明确界限或作补充规定的，由制定法规的省、自治区、直辖市人民代表大会常务委员会进行解释或作出规定。"

④ 例如《恩施土家族苗族自治州人民代表大会及其常务委员会立法条例》第44条第1款规定，"州人民代表大会通过的自治条例、单行条例和地方性法规，常务委员会通过的地方性法规均由常务委员会解释"。该条第2款还规定"常务委员会的法规解释同法规具有同等效力"。

大常委会进行修改,但可以由人大常委会进行解释,[①]而且法规解释与人大制定的法规还具有同等效力,这完全可能造成地方人大常委会利用法规解释权架空人大立法权的情形。

同时,对地方性法规解释权的配置还存在是否有合法性依据的问题。《立法法》第87条授权本级人民代表大会对地方性法规案、自治条例和单行条例案的提出、审议和表决程序作出规定。上述授权作出规定的事项中并不包括地方性法规的解释问题,而且《地方组织法》中对地方人大的授权也没有涉及法规解释的问题。如此,地方立法条例的相关规定就存在合法性的困境。[②] 因此,《立法法》对地方性法规解释权的规定还有待进一步完善。

三、上级国家机关对地方性法规的审查批准机制的原理

上级国家机关对地方性法规的审查批准机制主要适用于设区的市和自治州,由于2015年的地方立法权扩容,大多数设区的市和自治州“从无到有”地建立了地方性法规制定机制,因此本书主要以省级人大常委会对设区的市、自治州地方性法规的审查批准机制为例展开讨论,对其实践模式及背后的价值逻辑进行分析。[③]

对于省级人大常委会对设区的市、自治州地方性法规的审查批准权的属性,目前学界主要有两种观点:一种观点认为,是省级人大常委会作

---

① 实践中一般遵循如下原则区分法律解释和修改法律:第一,凡属于不需要改变原来的法律规定,而是作为一种特殊情况对法律进行变通执行的,可以解释法律,不修改法律;第二,从问题的性质看,应当修改法律,但如果问题比较具体,修改法律还一时提不上议事日程,可以先采用立法解释的办法,待以后修改法律时再补充法律或对法律进行修改。参见乔晓阳主编:《〈中华人民共和国立法法〉导读与释义》,中国民主法制出版社2015年版,第185页。

② 参见宋方青等:《我国地方立法权配置的理论与实践研究》,法律出版社2018年版,第257页。

③ 参见冉艳辉:《省级人大常委会对设区的市地方性法规审批权的界限》,载《法学》2020年第4期。

为“立法监护人”行使的权力；①另一种观点认为，属于省级人大常委会的立法监督权。② 要准确把握省级人大常委会对地方性法规的审批权的属性，必须从我国地方立法体制的发展历程和人民代表大会制度的基本原理出发。

（一）从共享立法权到立法监督权

我国的立法体制经历了一个长期的发展过程：1954 年《宪法》规定全国人大独享立法权（民族自治地方的自治立法保留），1979 年《地方组织法》和 1982 年《宪法》规定了中央与地方两级立法体制，1982 年修改《地方组织法》，规定省级人大常委会与省会市、较大的市共享地方性法规制定权，1986 年《地方组织法》修改，省会市、较大的市获得地方性法规制定权，2015 年以后修改的《立法法》规定了所有设区的市的地方性法规制定权。随着社会的发展，各地发展的不平衡日益需要因地制宜的治理措施，地方立法体制也不断调整、与时俱进。

在 1982 年的《地方组织法》中，省会市、较大的市人大及其常委会只享有地方性法规草案的拟订权，草案拟订后还需要提请省级人大常委会审议制定。因此，省会市、较大的市并无独立的地方性法规制定权，拟订在实践中只相当于法规案的起草，拟订权对法规案的内容和审议通过并无实质性的影响，也不能起到决定性作用。因此，此时的省会市、较大的市只是与省级人大常委会共享一个地方性法规制定权。由于在上述过程中，审议权掌握在省级人大常委会手里，法规案有可能被修改或者否决，因此省级人大常委会在地方性法规的制定过程中发挥了主导作用。

① 要提高设区的市、自治州的立法质量，省级人大常委会不仅要扮演“法制统一守护人”的角色，确保法规合法性，还要扮演“立法监护人”的角色。参见廖军权、黄泷一：《提升设区的市立法质量的创新机制：立法点评》，载《地方立法研究》2017 年第 1 期。

② 但在现阶段立法监督应采取的方式上存在争议，有学者赞成事前的审查批准监督，也有学者主张以事后的备案审查取代事前的审查批准监督。参见郭清梅：《对我国现行设区的市立法监督制度的反思与重构》，载《江汉学术》2018 年第 6 期。

如果省级人大常委会为了提高法规案的质量,在省会市、较大的市拟订地方性法规草案之时就提前介入,从合法性和正当性上看,并不存在什么问题,不存在对省会市、较大的市的立法权的非法干预。

1986 年《地方组织法》修改后,省会市、较大的市的地方性法规拟订权被改为制定权。2015 年《立法法》修改后,所有设区的市和自治州也被授予地方性法规制定权。虽然上述主体制定的地方性法规审议、通过后,还是要报送省级人大常委会审查批准,但是与 1982 年《地方组织法》规定的地方性法规拟订权相比,已经发生了质的变化。① 此时省级人大常委会不再与设区的市、自治州共享一个地方立法权,而是通过合法性审查,对地方性法规制定权实行监督,这不是一种立法权,而是立法监督权。② 立法监督分为事前监督与事后监督,省级人大常委会的审查批准权属于事前监督,国务院、全国人大常委会的备案审查属于事后监督。立法权与立法监督权是两种性质不同的权力,在实践中不应予以混淆。

(二)上下级人大之间的关系

根据代议制的基本原理和我国的人民代表大会制度,上下级人大分别都是由当地人民选举代表组成的地方国家权力机关,相互之间并不存在领导与被领导的关系。③ 既然《宪法》规定"一切权力属于人民",那么

---

① 正如学者所说,若认为省、自治区人大常委会的审查批准权不仅可以对设区的市地方性法规合法性进行审查,还可以对其进行合理性审查,甚至还能修改其内容,无异于将省、自治区人大常委会的审查批准权等同于其过去享有的"审议制定权"。参见伊士国、李杰:《论设区的市地方性法规的审查批准制度》,载《中州大学学报》2017 年第 3 期。

② 从《立法法》的权力配置思路上看,"地方性法规的制定权,主要是为了保证地方更有效地管理本行政区域内的各种事务,体现的是宪法规定的'遵循在中央的统一领导下,充分发挥地方的主动性、积极性的原则'"。参见全国人大常委会法制工作委员会国家法室编著:《中华人民共和国立法法释义》,法律出版社 2015 年版,第 244 页。为更好地发挥设区的市、自治州的主动性和积极性,省级人大常委会的审查批准权就不能再跟以前的审议制定权一样定位为立法决定权,而只能是一种立法监督权。

③ 《宪法》第 3 条第 2 款规定,全国人民代表大会和地方各级人民代表大会都由民主选举产生,对人民负责,受人民监督。

无论在哪一级地方,人民代表大会都是决定本地区事务的最高权力机关,每个人大代表都应该服从本地区人民的利益。这一点与上下级行政机关之间截然不同。如果上下级人大之间存在领导关系,必然会违背民主集中制的原则、违背代议制民主的基本精神。对于上下级人大之间的关系,可以归纳为“是法律上的监督关系、业务上的指导关系、工作上的联系关系”①。

上下级人大之间的法律监督关系有明确的法律规定。具体到省级人大常委会与设区的市、自治州人大及其常委会之间的关系,设区的市、自治州人大及其常委会制定的地方性法规,要经省级人大常委会审查批准后施行,这即是上下级人大之间法律监督关系的体现。法律监督以《宪法》和相关法律为依据,遵循法定的程序。上级人大并不能像“监护人”那样毫无边界地介入下级人大的权力空间。《立法法》第 81 条对省级人大常委会地方性法规审查批准权的规定,就是一个法定的“边界”。

上下级人大之间的业务指导与工作联系,并不涉及上下级人大之间法定权力的配置问题。主要指双方在工作中的相互沟通,上级对下级提供指导和建议。在业务指导与工作联系过程中,双方并不存在服从与被服从的关系,双方地位平等。在具体方式上,上级人大不得直接发号施令,或者强迫下级人大执行,也不得直接代行下级人大的权力。② 具体到设区的市、自治州制定地方性法规的过程,为了提高立法质量,省级人大常委会可以通过多种方式在地方性法规起草过程中进行指导,如举办专题讲座、培训班或交流会,提高立法人员的素质;可以发布指导性文件供自治州参照学习;在设区的市、自治州地方性法规草案的调研、专家论证过程中,省级人大常委会的相关人员可以受邀参与。上述方式可以作为法律监督手段的有益补充,但是在实践中,不可混淆业务指导这种非

① 蔡定剑:《中国人民代表大会制度》,法律出版社 2003 年版,第 253 页。

② 参见蔡定剑:《中国人民代表大会制度》,法律出版社 2003 年版,第 256 页。

权力授权与法律监督这种权力授权的界限。

（三）立法机关承担责任的特殊性

如果审查批准后的地方性法规存在合法性问题，那么责任应当如何承担？对这一点当前法律并无明确规定。省级人大常委会对责任承担的担忧，也是其对地方性法规制定全过程进行控制的重要原因。要真正实现审查批准权回归法定界限之内，必须明确省级人大常委会的责任承担问题，建立合理的责任承担机制，打消其在审查批准权行使过程中不必要的顾虑。立法机关及立法监督机关奉行民主集中制原则，其承担责任的条件和方式与行政机关、司法机关都存在差异。设区的市、自治州制定地方性法规的过程是一个民主过程，省级人大常委会审查批准地方性法规的过程也是一个民主过程。民主过程的“结论”是在论辩过程中产生的，论辩参与者的素质与论辩的充分程度，都会影响论辩结果。①上述因素都不应成为追责理由。而且在一个代议机关中，代表享有言论免责权，其对法规案发表的言论和表决，都不受法律追究。无论是在人民代表大会还是人大常委会上作出的决议，都不能像行政机关一样实行领导负责制。当然，如果立法过程的民主性遭到破坏，民主集中制没有得到实行，以致人民代表大会制度没有发挥作用，那么应当对当事人追究法律责任和政治责任。②

综上所述，实践中省级人大对设区的市、自治州地方性法规制定的“全过程”控制，除了是对立法权与立法监督权的基本属性、上下级人大

---

①　正如科恩所说，“民主国家公民必须相信错误难免”，所以“实行民主是以承认某些判断确比另一些好为前提的，而且承认在自治过程中做出那样的决定是永远不会完结的任务”。参见［美］科恩：《论民主》，聂崇信、朱秀贤译，商务印书馆2007年版，第174～176页。

②　目前，一旦审查出地方性法规存在合法性问题，大多只是要求对相关条文进行修改，除了《甘肃祁连山国家级自然保护区管理条例》这种在立法层面失守导致甘肃祁连山自然保护区生态环境遭受严重破坏的情形外，一般不会追究相关人员的责任。当前运行的责任追究机制基本是合理的。

之间的关系认识不到位之外,还有对立法责任承担的担忧。只有在认识层面上解决上述问题,才能真正在制度和实际操作层面上作出适当的调整,从而规范行使对地方性法规的审查批准权。

第二节 自治立法机制的变迁及其理论基础

民族自治地方的自治立法机关是人民代表大会,自治立法机制的理论基础包含了民族区域自治的基本原理和代议制民主的基本原理,与地方性法规的立法机制存在一定差别。

一、自治立法机制的基本原理

(一)自治立法机制体现了民族区域自治的基本原理

自治立法权属于自治权的一种。我国民族区域自治是民族自治与区域自治的结合,是通过《宪法》和相关法律授予民族自治地方权力。新中国成立后,少数民族聚居地设立了民族自治地方,被赋予自治权,但必须在《宪法》规定的权限范围内行使。① 我国民族自治地方的自治权,虽然是基于对原初意义上的少数民族自治权的承认和尊重,但是转化为规范意义上的民族自治地方自治权后,该权力的行使主体、内容、权限完全来自《宪法》的规定。

(二)自治立法机制体现了代议制民主的基本原理

代议制是指通过公民选举代表,组成代议机关行使权力的制度。②我国实行的人民代表大会制度是代议制的一种形式,但与其他国家的议

---

① 虽然民族区域自治也有地方自治的因素,但是,正如学者所说,“从整体民主政治制度看,发生学意义上的中国地方自治已失去了根基”。参见魏红英:《对当代中国地方自治制度若干特征的认识》,载《江汉论坛》2002年第12期。

② 参见刘平:《立法原理、程序与技术》,学林出版社、上海人民出版社2017年版,第192~193页。

会制度存在本质差别。从理论根基上说，人民代表大会制度是在马克思主义国家学说指导下建立的。马克思、恩格斯对资产阶级议会和选举制持批判态度，认为其是形式主义的“清谈馆”，认为无产阶级新的政权组织形式应当是高度集权的，集中一切权力。列宁对马克思、恩格斯的学说进行了发展。① 中国共产党人对代表机关又进行了进一步阐述。② 从政权早期的“三三制”（共产党员、进步分子、中间分子各占1/3）到新中国成立后的人民代表大会制度，都贯彻了代议制民主的基本原理。

民主的基本形式包括全体一致同意或多数决。在一个利益多元化的社会，立法上达成全体一致同意几乎是不可能的，因此现代民主国家的议会立法采用的都是多数决的方式。代议制民主的精髓在于保障代表自由意志的表达与沟通，途径就是合理地设计民主程序、充分保障代表的参与。民族自治地方的自治立法机关既是民族自治地方行使自治权的机关，也是一级地方政权机关，集中体现了民族区域自治与代议制民主的基本原理和精神。

二、自治机关的变迁及其组成原理

（一）自治机关的组织形式

在不同历史时期，行使自治权的自治机关的组织形式有所不同。行使自治权的“自治机关”在1952年的《民族区域自治实施纲要》中首次作为一个规范概念出现。③ 当时的自治机关概念与现在有所不同：一方面，根据《共同纲领》第12条，当时的“政权机关”为各级人民代表大会

① 提出这个集中行使一切国家权力的代表机关必须是真正按人民的意志选举产生的并且受人民监督，人民随时可以撤换。参见蔡定剑：《中国人民代表大会制度》，法律出版社2003年版，第8～14页。

② “代表机关的组织原则是民主集中制，这是共产党领导人在阐述人民代表大会制度建设时的一个突出特点。”参见蔡定剑：《中国人民代表大会制度》，法律出版社2003年版，第17页。

③ 根据《民族区域自治实施纲要》第2条和第10条的规定，各民族自治区的自治机关即自治区人民的政权机关，是中央人民政府统一领导下的一级地方政权，并受上级人民政府的领导。

和各级人民政府,各级人民代表大会闭会期间,各级人民政府为行使各级政权的机关。可见,由于当时没有人大常委会,人大闭会期间人民政府还行使了相当于人大常委会的功能。① 另一方面,自治机关依据民主集中制和人民代表大会制的基本原则进行建立和组织,但具体形式"则要依照实行区域自治的民族大多数人民及与人民有联系的领袖人物的意愿,使能适应各少数民族当前发展阶段的面貌,成为实行区域自治的民族人民容易了解和乐于亲近的形式"②。这一点与其他地方的人民代表大会不同。

"自治机关"首次成为一个宪法概念始于1954年《宪法》。③ 1975年《宪法》首次明确了"自治机关"的内涵。④ 1978年《宪法》又作出了修改。⑤ 现行宪法为1982年《宪法》,迄今虽然经过五次修改,但一直将民族自治地方的自治机关规定为人民代表大会和人民政府。根据现行《宪法》第96条的规定,县级以上的地方各级人大设立常务委员会。据此可见,民族自治地方的自治机关并不包括人大常委会。因此,行使自治立法权的主体是民族自治地方的人民代表大会,其常委会没有被授予自治

---

① 参见许崇德:《中华人民共和国宪法史》,福建人民出版社2005年版,第80~81页。

② 李维汉编著:《统一战线问题与民族问题》,人民出版社1981年版,第466页。

③ 1954年《宪法》第54条第2款和第67条规定,自治区、自治州、自治县设立自治机关,自治机关的形式可以依照实行区域自治的民族大多数人民的意愿规定。但同时也规定,自治机关的组织,应当依据《宪法》第二章第四节规定的关于地方国家机关的组织的基本原则。可见,虽然照顾到当时民族自治地方的特殊情况,但自治机关的组织还是应当依据民主集中制和人民代表大会制的基本原则。

④ 1975年《宪法》第24条第1款和第22条第1款规定,自治区、自治州、自治县都是民族自治地方,它的自治机关是人民代表大会和革命委员会。地方各级革命委员会是地方各级人民代表大会的常设机关,同时又是地方各级人民政府。因此,1975年《宪法》规定的自治机关,包括了民族自治地方的人大、人大常设机关以及人民政府。

⑤ 1978年《宪法》第38条第1款仍然规定,民族自治地方的自治机关是人民代表大会和革命委员会,但是第37条第1款又规定,地方各级革命委员会,即地方各级人民政府,是地方各级人民代表大会的执行机关,是地方各级国家行政机关,从而排除了1975年《宪法》中规定的"人大常设机关"。

立法权。

从上述民族自治地方自治机关的变迁过程可见,尽管不同时期自治机关的具体形式有所不同,但是代议制民主与民族区域自治的基本原理一直贯穿始终。

(二)自治机关的组成

民族自治地方自治机关的组成,也依据了代议制民主与民族区域自治的基本原理。新中国成立初期,自治机关的形式有一定的灵活性,但1952年的《民族区域自治实施纲要》在人员组成上还是作出了规定。① 1953年的《全国人民代表大会及地方各级人民代表大会选举法》对自治机关代表的选举也作出了规定。② 同样,1954年《宪法》对少数民族代表名额也作出了要求。③ 1982年《宪法》继承了1954年《宪法》的做法,有所不同的是将民族自治地方各民族分为"实行区域自治的民族"和"其他民族"。④ 上述规定都是在代议制民主基础上对少数民族参政权的保障,也是充分保障自治机关自治权的综合体现。

---

① 1952年《民族区域自治实施纲要》第12条规定,民族自治区的人民政府机关,应以实行区域自治的民族人员为主要成分组成,同时应包括自治区内适当数量的其他少数民族和汉族的人员。

② 1953年《全国人民代表大会及地方各级人民代表大会选举法》第27条、第29条规定,民族自治区的人民代表大会,对聚居于境内的少数民族代表的选举适用以下条件:凡聚居境内的同一少数民族的总人口数占境内总人口数10%以上者,其每一代表所代表的人口数,应相当于当地人民代表大会每一代表所代表的人口数;凡不及境内总人口数10%者,得酌量少于当地人民代表大会每一代表所代表的人口数,最少以不少于1/2为原则。人口特少者,也应有代表一人。

③ 1954年《宪法》第68条规定,在多民族杂居的自治区、自治州、自治县的自治机关中,各有关民族都应当有适当名额的代表。

④ 1982年《宪法》在第113条第1款中规定,除实行区域自治的民族的代表外,其他居住在本行政区域内的民族在民族自治地方的人大中也应当有适当名额的代表。并在第113条第2款、第114条中规定,民族自治地方的人大常委会中应当有实行区域自治的民族的公民担任主任或副主任,自治区主席、自治州州长、自治县县长由实行区域自治的民族的公民担任。

三、人大常委会的自治立法权主体资格探讨

如前文所述,民族自治地方人大常委会在自治立法的过程中发挥着重要作用,实际承担着立法规划和计划的起草、组织起草法规案、解释自治立法等工作,但于法无据。这给自治立法工作的开展和民族立法理论的研究都提出了一个难题。而且在地方立法权扩容后,民族自治地方被赋予了地方性法规制定权,从立法权行使周期上看,由于人大每年只召开一次会议,由人大常委会进行立法周期更短,因此,自治地方更愿意选择人大常委会制定地方性法规的方式行使立法权,自治立法权存在被虚置的可能。① 基于《宪法》对民族自治地方自治机关的规定,有学者认为,民族自治地方人大常委会没有自治机关资格,因此也不能行使自治立法权。但是,也有学者认为,人大常委会作为人大的常设机关,是人大的一部分,当然是自治机关,如果不承认这一点,在民族自治地方人大闭会期间,自治权也缺乏行使主体。② 笔者认为,按照现行《宪法》的规定,民族自治地方人大常委会不是自治机关,没有自治立法权。但是,这并不等于未来不能考虑授予民族自治地方人大常委会自治权,包括授予自治立法权。有学者担心,如果授予民族自治地方人大常委会自治立法权,由于人大常委会代表的产生与人大代表的产生规则不同,缺少民族比例的限制,会影响"实行区域自治的民族"管理本民族内部事务的权利。③ 虽然这种担心不无道理,但还需在全面评估民族自治地方人大常委会的属性和功能的基础上作出判断。

---

① 参见冉艳辉:《民族自治地方自治立法权的保障》,载《法学》2015 年第 9 期。

② 参见郑毅:《自治机关构成与自治州地方性法规的授权逻辑》,载《贵州民族研究》2015 年第 7 期。

③ 该观点认为,常务委员会的组成人员依法从本级人民代表大会代表中选举产生,并无民族比例的立法限制,既有可能出现实行区域自治的民族的常委会委员占常委会委员总数的比例低于同期实行区域自治的民族人口占本地方人口总数的比例的情形,亦有可能出现实行区域自治的民族的常委会委员比例过高,而当地其他民族的常委会委员比例过低的问题。参见陈蒙:《少数民族管理本民族内部事务权利论》,中南民族大学 2016 年博士学位论文,第 183 页。

（一）民族自治地方人大常委会与自治权

首先需要指出的是，“管理本民族内部事务的权利”与民族文化直接相关，通常通过民族身份对权利进行识别、保护。因此，本民族内部事务并非仅指“实行区域自治的民族”的内部事务，而是指民族自治地方所有少数民族的内部事务。① 民族自治地方人大常委会与其他地方人大常委会一样，都是由每届人民代表大会第一次会议从代表中选举产生的。如果未来考虑授予民族自治地方人大常委会自治权，那么在每届人大第一次会议选举常委会代表的时候，当然也可以通过对候选代表民族身份的特殊规定，保障人大常委会的人员比例。

（二）民族自治地方人大常委会与民主性

通过《宪法》《民族区域自治法》《全国人民代表大会及地方各级人民代表大会选举法》的相关规定，保障民族自治地方人民代表大会在一定程度上能代表各族人民的“公意”。那么，授权给人大常委会是否会影响“公意”的产生？也即，“公意”的形成与代表人数的多少是否具有必然联系？

授予民族自治地方人大常委会自治立法权，既不违背民族区域自治制度的基本精神，也不违背代议制的基本原则。② 正如有学者所言，“在

① 如前所述，根据《宪法》《民族区域自治法》的规定，民族自治地方人民代表大会中，除实行区域自治的民族的代表外，其他民族也应当有适当名额的代表。在民族自治地方人大代表的选举过程中，通过少数民族公民名额的特殊规定，保障各少数民族的平等参政权和管理本民族内部事务的权利。因此，从理论上说，民族自治地方人大的自治立法也能体现各少数民族的意志。

② 无论是民族自治地方还是一般地方，都是由人民选举产生人大代表，组成当地的人民代表大会，县级以上地方人民代表大会选举产生其常设机关人大常委会。不同之处只在于，民族自治地方的人民代表大会和人民政府被定性为民族自治地方的“自治机关”，赋予它们与一般地方人大及政府不同的权限而已。作为民族自治地方人大常设机关的常委会，在人大闭会期间行使自治立法权，只会促进自治立法工作的连续性和效率，并不会对人大的自治机关地位产生动摇和影响。因此，授予自治地方人大常委会自治立法权，从理论上说不存在什么问题。参见冉艳辉：《民族自治地方立法权的合理配置探析》，载《学术交流》2017年第2期。

人民代表大会制度之下，无论是一般地方制度还是民族区域自治制度，无论是地方国家机关的构造还是地方国家机关的职权和责任均具有高度的同构性”①。

四、自治立法中的利益博弈机制

地方立法权扩容前，民族自治地方自治机关与上级国家机关在自治立法过程中的利益博弈缺乏规范的依据和争议解决机制。地方立法权扩容后，自治立法权没有发生变化，只是将一定范围的地方性法规制定权授予了民族自治地方的人大及其常委会。地方性法规制定权也涉及民族自治地方自治机关与上级国家机关之间的权限配置问题，从理论上说，在一定程度上可以促进上、下级之间利益博弈机制的完善，但是并没有从根本上触及民族自治地方自治机关与上级国家机关在自治立法中的关系问题。

（一）民族自治地方自治机关与上级国家机关关系的代表性观点

就民族自治地方自治机关与上级国家机关在自治立法中的关系问题，学界主要存在两种代表性观点：一是认为自治立法可以规范和约束上级国家机关。② 二是认为自治立法不能规范和约束上级国家机关。③针对第一种观点，从自治立法的效力等级看，与一般的地方性法规并无多大差异，从性质上看，民族区域自治本就是民族自治与地方自治的结

① 沈寿文：《中国民族区域自治制度的性质》，法律出版社2013年版，第300页。

② 例如，有学者认为，从自治条例的效力等级和法律性质出发，自治条例可以规范和约束上级国家机关。参见吴宗金、敖俊德主编：《中国民族立法理论与实践》，中国民主法制出版社1998年版，第390页。还有学者认为，自治法规与地方性法规不同，不仅适用于本行政区域，还可以对拟制机关的上级机关进行规范，甚至还可以对拟制机关所在的民族自治地方之外的地方的行为规定特别规范。参见毛公宁、王铁志主编：《民族区域自治新论》，民族出版社2002年版，第317页。

③ 例如，有学者提出，我国是单一制国家，地方权力源于中央通过立法授予，中央领导地方，下级要服从上级，因此自治法规不能约束上级国家机关。参见黄元姗：《民族区域自治制度的发展与完善：自治州自治条例研究》，中国社会科学出版社2014年版，第45页。

合,因此,自治法规与地方性法规不存在法律位阶上的高低之分。[①] 就第二种观点而言,即便是在单一制国家结构形式下,宪法也为民族自治地方留下了较大的自治空间,例如,对于国家的法律、政策,上级国家机关的决议、决定、命令和指示,可以变通执行。民族自治地方自治机关与上级国家机关之间,并非完全是"下级服从上级"的权力配置模式。因此,民族自治地方自治机关与上级国家机关在自治立法过程中的权力配置问题,不能仅从法律位阶理论或一般的中央与地方关系理论上考虑。

(二)结合自治立法权的属性探讨自治机关与上级国家机关的关系

笔者认为,自治机关与上级国家机关之间自治立法权的配置,要结合自治立法权的属性进行探讨。

首先,从主体上看,原初意义上的自治权是少数民族自治权,以马克思主义民族平等理论对少数民族权利的承认与保障为基础,只是在我国各民族杂居的情况下,由具体的少数民族行使自治权不现实,因此,就采取了民族自治与区域自治相结合的方式,由民族自治地方的自治机关行使自治权。因此,民族自治地方的人民代表大会是自治立法权的主体,与仅仅作为地方一级政权机关的人民代表大会存在差异。

其次,从客体上看,自治权的客体包括民族自治地方各少数民族的本民族内部事务和本地方所有民族的公共事务。民族自治地方各少数民族管理"本民族内部事务"是《宪法》《民族区域自治法》等所保障的权利,这是非自治地方不具备的权利,也是上级国家机关不能随意剥夺的权利。

最后,从权限上看,无论是基于民族因素的自治权,还是基于区域因素的自治权,民族自治地方的自治立法都可以在不与法律、行政法规基

---

① 参见张文山等:《自治权理论与自治条例研究》,法律出版社 2005 年版,第 116 页。

本原则相抵触的前提下,对法律和行政法规予以变通。

综上所述,民族与区域因素相结合之下的民族自治地方自治权,与一般的地方治理权存在差异,因此对自治立法的研究,应在一般意义上的法律位阶或中央与地方关系的理论框架中适度关注其特殊性。

第三节　地方立法协商机制的基本原理

地方立法过程中,除代议制民主之外,协商民主机制也发挥着重要作用。从立法规划和立法计划的制定,到法规案的起草、审议、修改等过程,立法协商机制都以党委、人大、政府、政协的各级各类会议、立法听证会、调研会、专家咨询会以及其他征求意见的形式发挥着作用。

一、立法协商的发展历程与规范依据

立法协商在新中国的立法史上有着丰富的实践。《共同纲领》的制定过程,就是中国共产党与各民主党派、社会贤达进行充分协商的过程,《共同纲领》是充分听取了各民主党派、无党派人士、政治协商会议代表的意见和建议后达成的共识。为了开展宪法起草工作,1953 年 1 月成立了宪法起草委员会,为了保证起草工作的顺利进行,1953 年年底又成立了一个宪法起草小组,起草宪法草案初稿。[①] 宪法草案经过了初稿讨论、全民讨论和制定讨论阶段,在全民讨论阶段得到了全国人民的积极参与。据统计,大约有 1.5 亿人参加讨论,共收到修改建议 100 多万条。[②] 党的十一届三中全会后,立法协商制度不断发展。尤其是历时 10 年之久的《中华人民共和国物权法》(以下简称《物权法》)的制定过程,

---

① 参见韩大元:《1954 年宪法制定过程》,法律出版社 2014 年版,第 79 ~ 81 页。

② 宪法起草委员会办公室把这些意见归纳分类装订成 16 册,命名为《全民讨论意见汇编》,供宪法制定者参考。参见陈建华:《立法协商制度研究》,人民出版社 2019 年版,第 69 页。

将立法模式由之前小范围的专家建议稿、全国人大审议、地方人大、政府部门参与,转化为全国范围内广泛参与的协商行动。经过广泛的立法协商,《物权法》的起草机构对草案作出了很大的变动。①

根据学者的研究,最早引入立法协商概念的地方文件是福建省政协社会与法制委员会于 1998 年 7 月形成的《关于加强立法前协商工作的几点意见》。② 后来,一些省市和自治区的立法条例中陆续规定了立法协商的内容。例如,2001 年颁布的《广西壮族自治区立法条例》规定,立法协商制度要覆盖中长期立法规划、年度立法计划、法规起草以及审查阶段等立法过程中的每一个阶段。③

党对民族自治地方的民主协商也十分重视,新中国成立初期民族自治区的民主改革,十分注重与当地少数民族的上层人士的协商。④ 在党的民族政策中,要求凡是有关少数民族的重大问题,应当与少数民族人民和干部进行充分协商后再做决定。⑤《民族区域自治法》第 51 条规

---

① 参见陈建华:《立法协商制度研究》,人民出版社 2019 年版,第 71 页。

② 根据该意见,省人大法制委把法规草案统一寄送省政协社法委,社法委根据法规内容分送相关专委会,由各专委会组织委员协商讨论,形成修改意见后送社法委会稿,经省政协分管领导审阅后送省人大法制委。参见陈建华:《立法协商制度研究》,人民出版社 2019 年版,第 74 页。

③ 参见陈建华:《立法协商制度研究》,人民出版社 2019 年版,第 74 页。

④ 例如,乌兰夫在《关于中华人民共和国民族区域自治实施纲要的报告》中指出,民族自治区的自治机关,"其具体形式,可以依照实行区域自治的大多数人民及与人民有联系的领袖人物的志愿,使能适合少数民族当前发展阶段的面貌,成为实行区域自治的民族的人民容易了解和乐于亲近的方式"。参见金炳镐主编:《民族纲领政策文献选编》,中央民族大学出版社 2006 年版,第 479 页。

⑤ 1961 年李维汉在新疆维吾尔自治区干部会议上的讲话《关于民族工作中的几个问题》中指出,"凡是有关少数民族的重大问题,应当经过少数民族的人民和干部的充分讨论,按照他们的意愿作出决定。如果他们不同意,那就说明事情还不够成熟,或者是因为同实际情况不符合,或者是因为认识还不一致。遇到这种情况,就需要进一步去进行调查研究,进行协商酝酿,作必要的等待,到事情成熟了,就是说在大多数群众和干部中已取得了意见一致的时候,再做决定"。参见李维汉编著:《统一战线问题与民族问题》,人民出版社 1981 年版,第 562 页。

定,“民族自治地方的自治机关在处理涉及本地方各民族的特殊问题的时候,必须与他们的代表充分协商,尊重他们的意见”。在立法层面,民族自治地方自治立法的时间较长,在自治条例、单行条例的起草过程中,一直采用各种方式与当地各族人民进行沟通、协商。2015 年,《立法法》修改,在第 5 条增加“坚持立法公开”的规定,更加注重保障公众参与立法的权利。2023 年,《立法法》将第 5 条改为第 6 条,增加了“立法应当坚持和发展全过程人民民主,尊重和保障人权,保障和促进社会公平正义”的规定。《立法法》还规定对列入常委会会议议程的法律案,应当通过多种形式听取各方面的意见。地方立法权扩容后,30 个自治州获得地方性法规制定权,在“科学立法、民主立法、依法立法”的立法原则指导下,纷纷制定立法条例,将《立法法》确立的立法协商机制加以落实。

以 2016 年制定的《恩施土家族苗族自治州人民代表大会及其常务委员会立法条例》为例,可见立法协商机制贯穿民族自治地方法规案制定全过程。首先,在立法规划和立法计划制定阶段,规定向社会公开征集立法建议。国家机关、政党、团体、组织以及公民都有权提出立法建议。[①] 其次,在法规草案的起草阶段,规定有关专门委员会、常务委员会工作机构要提前参与法规草案起草工作,了解情况,提出意见;专业性较强的法规草案可以委托第三方参与起草工作。起草法规草案的过程中,要求深入调查研究,广泛征求相关方面意见,并在法规案说明中向常务委员会报告征求意见情况。[②] 最后,法规案的审议阶段。法规案一旦被列入人大常委会会议议程,法制委员会、有关专门委员会和常委会工作

① 参见《恩施土家族苗族自治州人民代表大会及其常务委员会立法条例》第 9 条:国家机关、政党、团体、组织以及公民可以向常务委员会提出立法建议。常务委员会编制立法规划和立法计划,应当分别征求州人民政府及其有关部门、州中级人民法院、州人民检察院以及有关人民团体、社会组织的立法建议,并向社会公开征集立法建议。立法建议应当采用书面形式,并附有立法必要性可行性分析、立法依据和主要内容等。

② 参见《恩施土家族苗族自治州人民代表大会及其常务委员会立法条例》第 13 条、第 14 条。

机构应当采取座谈会、论证会、听证会等多种形式听取各方面的意见。针对专业性较强的问题,应当召开论证会,听取相关专家、部门和人大代表的意见。涉及重大意见分歧或利益关系重大调整的,应当举行听证会,听取社会各方的意见。还要将草案发送下一级人大常委会以及有关部门、团体、组织和专家征求意见。除上述协商机制外,还要求在常委会会议后将法规草案及其起草说明向社会公布并公开征求意见。①

二、立法过程中协商民主的基本原理与重要作用

(一)协商民主与代议制民主的差异

1. 代议制民主下的表决规则

哈贝马斯在论及法律之所以有效时指出,法律应当表达共同体的自我理解,②代议制民主为建立上述进行决策的代议团体提供了一条出路。

在代议制民主之下,立法机关对立法案的审议、表决和审批过程,奉行的都是多数决的原则,而且在大多数情况下是简单多数。正如凯尔森所说,自由是由这样一个原则加以保证的:“社会秩序的变革要求从属该秩序的那些人的简单多数的同意。”③从理论上说,全体一致规则或者绝对多数的规定,都会导致一个人或者极少数人的意志就可以否定多数人

---

① 参见《恩施土家族苗族自治州人民代表大会及其常务委员会立法条例》第 34 条、第 35 条。

② “有效的法律规范虽然同道德规范相一致,但它是在如下意义上‘合法的’:它除此之外还表达了法律共同体的真切的自我理解,对这个共同体中所分布的价值和利益的公平考虑,以及对策略和手段的具有目的合理性的选择。”参见[德]哈贝马斯:《在事实与规范之间:关于法律和民主法治国的商谈理论》,童世骏译,生活·读书·新知三联书店 2014 年版,第 191 页。

③ 凯尔森指出,既然政治自由就是个人意志和表示在社会秩序中的集体意志之间的协议,所以保证在社会内有可能的最大限度的政治自由的正是简单多数的原则,如果一个秩序不能由国民的简单多数的意志所改变,而只能由全体国民的意志(意思就是一致)加以改变,或者只能由一个规定多数的意志(例如,由 2/3 或 3/4 的多数票表决)加以改变,那么,单独一个人或少数人就可以阻止秩序的改变。参见[奥]凯尔森:《法与国家的一般理论》,沈宗灵译,中国大百科全书出版社 1996 年版,第 318 页。

的意志,不利于多数人的自由的实现。[①] 实践中,由于全体一致规则的实施成本极高,因此一般只适用于特别重大的问题。[②] 绝对多数规则一般适用于重大问题。

简单多数规则也存在自身无法克服的缺陷。正如布坎南所指出,“许多有关多数规则的讨论都隐含有下述观念,即应当认为个人的选票都反映了同等的偏好强度,而同各种规范是否与这种情况下的事实相一致的问题全然无关”[③]。事实上,每个参与投票的人都有自己的偏好,而且偏好的强弱程度不一。在整个群体中,规定多数投票者的偏好起决定作用,这就忽略了不同参与者偏好的强弱以及少数参与者的不同偏好问题。

2. 协商民主下的表决规则

协商民主不是简单多数决,也不是简单的全体一致同意,其寻求的是一个“公意”的最大公约数,在一定程度上可以弥补代议制民主下表决机制的缺陷。协商民主可以说是在对代议制民主进行反思的基础上产生的,其主张公民平等参与公共话题的协商,通过对话、讨论等多种方式充分表达自己的看法,在协商过程中相互影响和妥协,最终达成共识。协商民主既包括机会平等这样的程序性原则,也包括代表正当性判断的

---

① 值得注意的是,尽管从结果上看似一样,但也正如布坎南所指出的,全体一致规则与一个人的少数规则,分别属于采取行动的权力和阻止由他人提出的行动的权力,代表着把外部成本强加给他人的权力与防止被他人强加外部成本的权力的差异,本质上并不是一回事。参见[美]詹姆斯·M. 布坎南、[美]戈登·图洛克:《同意的计算:立宪民主的逻辑基础》,陈光金译,上海人民出版社 2017 年版,第 253 页。

② 全体一致规则有四个基本特征:第一,每一个决策者的否决,都将导致决策方案被否决;第二,要通过一项决策方案,该方案必须对所有决策者的利益来说都是最佳方案;第三,参与决策者不仅要考虑自己的利益,还要充分考虑其他决策者的利益;第四,形成决策结果的难度将随着决策组织规模的扩大和决策成员数目的增加而成倍增加。参见赵成根:《民主与公共决策研究》,黑龙江人民出版社 2000 年版,第 293 ~ 294 页。

③ [美]詹姆斯·M. 布坎南、[美]戈登·图洛克:《同意的计算:立宪民主的逻辑基础》,陈光金译,上海人民出版社 2017 年版,第 124 页。

实质性原则。

民主的核心在于相互性。① 通过这一核心原则,才能帮助人民寻求政治上的一致,民主才得以发挥作用。在主要通过投票方式实现的代议制民主中,相互性并没有在协商民主中那样的核心地位。代议制民主的结果由投票决定,协商民主的关键在于协商。

这些商谈包括公民个体或通过结社形成的言论与表达,还包括法规案等政治意志形成过程中的民主参与、沟通。具体到地方立法过程,除法规案的审议、表决和审查批准程序外,还有法规案的起草、修改等过程,需要通过立法调研、立法听证等民主协商形式充分搜集信息,以实现对各方利益的合理配置。

（二）协商民主与代议制民主并行且有机统一

在地方立法过程中,地方人大及其常委会对法规案的审议、表决,上级人大常委会对法规案的审查批准,都是通过投票决定的。虽然在人大或者常委会的会议上,人大代表也会对法规案提出建议、展开讨论,但是按照人大及其常委会的会议制度,每次议程都比较紧张,很难就法规草案进行充分辩论。当然,参与代表事先对法规草案缺乏了解,在会议上短时间内无法提出建议,也是辩论无法充分开展的原因之一。上述情形在地方立法权扩容后也没有得到改变。

以笔者所在团队接受委托起草的《饮用水水源地保护条例》草案的审议过程为例,据笔者统计,该州人大常委会第一次审议,与会代表一共提出 12 条修改建议,第二次审议,与会代表一共提出 24 条修改建议,第三次审议,与会代表一共提出 19 条修改建议,第四次会议表决通过。在常委会上,代表之间或者代表与提案单位之间并没有直接交流,每次会议提出的修改建议,都是会后由法制工作委员会组织相关单位参与讨

---

① 相互性是指“公民由于其集体通过的、相互约束的法律和公共政策,应当互相给予其正当性的确认”。参见[美]詹姆斯·菲什金、[英]彼得·拉斯莱特主编:《协商民主论争》,张晓敏译,中央编译出版社 2009 年版,第 36 页。

论、修改,修改结果在下一次常委会会议上再一并说明。《饮用水水源地保护条例》草案的主要内容包括核心问题,都是在常委会会议之外确定的。例如,《饮用水水源地保护条例》草案中分散式饮用水水源地的分类管理标准一直是个难题,即究竟多大规模以下的分散式水源地可以留给村(居)民自治？人大常委会第一次审议时,草案提出的标准是供水人口为20人以下的分散式水源地。有与会代表对此质疑。第二次审议时,草案将标准改为500人,与会代表对此标准基本没有异议,只是要求提供充分的数据支持。在第一次审议结束后、第二次审议之前,《饮用水水源地保护条例》起草小组参与了大量的立法协商过程,包括相关专委会、州政府相关职能部门、社会公众、专家等多方参与的座谈会、论证会和咨询会,在搜集、整合各方提供的数据、信息、观点的基础上,最后才将标准确定为500人。

从上述地方立法过程可见,代议制民主下的审议、表决,与协商民主下的立法协商相辅相成,由于人大及其常委会的会议机制,代表们无法对法规案进行深入探讨和充分协商,但人大及其常委会的审议程序是赋予法规案合法性和正当性的法定机制,当审议过程中存在争议时,人大及其常委会通过多数决解决争议,作出权威决定。立法协商过程中,参与主体比人大代表的范围要广,讨论更为充分,不同观点都可以得到表达和尊重,但是缺乏法定的决断机制。协商民主与代议制民主虽是不同类型的民主过程,但也并非完全相互独立,而是有机统一于立法过程中,共同推动法规案的完成。

三、地方立法协商的程序性原则与实质性原则

地方立法过程中的协商机制,实质是对立法参与主体在立法程序中的权力、权利进行配置的机制,也是对其所代表的利益进行转化的机制。本书第二章通过《饮用水水源地保护条例》起草过程中的一份调研笔录,分析了其中所涉主体的利益类型。该次立法调研实质上就是一次立法协商过程,人大作为立法机关代表着公共利益;相关行政部门代表着公

共利益,但也代表着该领域的部门利益;其他参与的社会公众都代表着各自的利益。立法协商就是将上述利益转化为法规草案中的权力、权利,并给予其正当性和优先性。

如前所述,立法协商机制重在协商,与人大及其常委会的会议机制不同,其并没有多数投票这样的法定决断机制。因此,在这个多元化利益博弈的过程中,谁掌握了主导权,谁就在一定程度上掌握了决断权(法规草案内容的决定权)。2015 年《立法法》修改,地方立法权扩容后,人大在立法工作中的主导作用得到重视和发挥。应该说,人大对立法协商机制的主导作用既有规范依据,又有了实践基础。但是,只有弄清楚地方立法机关与其他主体之间权力、权利配置的原理,明确立法协商需要遵循的程序性原则和实质性原则,才能在实践中指导立法协商机制的发展和完善。

(一)立法协商的程序性原则

作为程序的立法协商,为参与者提供了一个交换意见与整合观点的平台。在这个平台上,参与者具有平等对话的机会,共同遵守公平交往的规则。根据《立法法》对地方立法参与主体程序性权力、权利的规定,地方立法协商的程序性原则主要包括以下几个方面:

第一,地方党委领导立法协商工作。党对立法协商的领导主要体现在政治领导、思想领导和组织领导。在一些重大立法项目上,与民主党派开展政治协商,再向立法机关提出建议。同时,党委也要尊重立法机关的立法权力和程序,尊重人大主导立法协商的法定机制。

第二,地方人大主导立法协商过程。立法本是一个多元化利益的博弈过程,“人大主导立法”的原则,在很大程度上说是一个具有程序意义的原则,即人大组织、安排、推动整个立法过程。[①] 在立法协商过程中,

① “人大”一词在不同语境中有不同的含义,既可以指权力机关,也可以指人民代表大会的会议,在此处是一个笼统的说法,具体实施主体可能是人大的专门委员会、人大常委会的领导或者工作机构。

首先涉及参与主体的遴选问题，包括相关利益群体、参与主体的资质与名额、遴选方式、专家库名单等的确定，对此《立法法》和各地的立法条例并无具体规定，需要人大推动遴选机制的制定和实施。其次，推动立法协商程序的进行。立法协商是多元化利益冲突达成共识的过程，因此，意见如何表达、分歧如何消除、共识如何达成等都是立法协商需要解决的问题，也是人大主导立法协商需要解决的问题。最后，立法协商成果的回应与反馈。立法协商过程中，往往出现意志不一、争执不下的情形，基于立法成本，不可能无限制地沟通下去，这时人大要主导立法协商进入终结程序。立法协商结束后，人大要对协商过程中各方观点、争议焦点、结论等进行整理后反馈给参与者。

第三，地方立法协商参与者享有平等对话的权利。每个立法参与者都有自己的利益立场，有的代表公共利益，有的代表个人或所在团体的利益。立法协商过程也是各种利益竞争的过程，只有每个参与者都能充分表达和沟通，最终才能促进更具共识性的结果产生，才能真正体现公共利益。① 关于立法协商过程中是否应当存在部门利益这一问题，一直存在争议。事实上，并非所有的部门利益都不具正当性。在第二章反映某州地方性法规起草过程的调研中，生态环境主管部门从自身的执法能力、责任承担出发，考虑饮用水水源地的保护范围问题，原因在于，如果执法部门不堪重负、执法不到位，部门本身会承担责任，同时也会损害公共利益。因此，上述部门利益的考虑具有正当性。② 当然，如果行政部门只从自身利益出发，滥设权限或者给公民的法定权利造成负担，相关部门利益就失去了正当性基础。要判断部门利益是否正当，应当给予其

---

① 正如亚当·斯密所说，作为理性"经济人"，市场竞争行为客观上可以增进公共利益，"他追求自己的利益，常常能促进社会的利益，比有意这样去做更加有效"。参见［英］亚当·斯密：《国富论》（下），杨敬年译，陕西人民出版社2001年版，第503页。

② 在一定意义上，部门利益的实现也是公共利益的实现方式，二者在一定条件下会相互转化。参见丁渠：《立法中的不正当部门利益治理——代议制民主的视角》，中国社会科学出版社2014年版，第35页。

充分表达的权利。因此,在地方立法协商过程中,无论是相关部门、社会团体、公民还是专家学者等,都享有平等地参与对话、主张自己利益的权利。

（二）立法协商的实质性原则

立法协商过程是否应当遵循一些实质性原则,在理论界存在争议。将协商民主仅仅看作一个将结果合法化的程序的学者认为,对于一个协商结果来说,可以用不同的方式达成:一种是参与者对实质性原则达成共识,并在该实质性原则的指导下解决了问题;另一种是并不存在对实质性原则的共识,只是对解决问题的程序达成了共识。因此,不能将协商看作一个寻找正确答案的探索程序。① 的确,立法协商并没有正确答案,但也不能否认协商结果应当具备某些道德基础,即正当性的问题。即使是在上述第二种方式中,解决问题的程序也是建立在一些道德基础上的,如抽签决定的前提一般是所涉利害关系人的资质条件相似而无法抉择,如果资质条件相差很大,抽签决定就缺少了正当性基础。

地方的文化多样性明显,利益多元化突出,不同的利益导向不同的价值追求,实质性原则也更为丰富。因此,要对立法协商过程中的实质性原则进行罗列或者排序,必定是无法完成的工作。但是,立法协商的实质性原则也具有一些共性,本书着重讨论其道德性、多样性与暂时性。

1. 实质性原则的道德性

如前所述,作为民主核心的相互性,其内涵在于相互给予正当性确认。② 纯粹的程序性运作,是无法给予特定利益主张正当性确认的。正当性属于道德判断层面的问题,并非程序问题。例如,一项对少数群体

---

① 例如,一块土地在几个团体之间的分配,可能依照某个大家都认可的原则,分给最需要或者最能将其效益最大化的团体,也可能最后决定通过抽签的方式或是轮流享有的方式来解决问题。相关研究参见[美]詹姆斯·菲什金、[英]彼得·拉斯莱特主编:《协商民主论争》,张晓敏译,中央编译出版社 2009 年版,第 36 页、第 198～199 页。

② 参见[美]詹姆斯·菲什金、[英]彼得·拉斯莱特主编:《协商民主论争》,张晓敏译,中央编译出版社 2009 年版,第 36 页。

公民不利的主张,可能从程序上获得多数人支持,但也会因其违背了平等原则而遭到否定。道德性判断具有主观性,但人类对于某些基本道德标准还是可以在不同范围和程度上达成共识的,如对生命和人格尊严的尊重。上述共识一旦写入人类社会的宪法与法律中,就成为指导立法等集体行为与个人利益主张等个体行为的法定依据。也有大量的实质性原则没有写入宪法与法律,只要其符合多数人的道德判断,也可以在协商过程中构成利益主张的正当性基础。例如,在民族自治地方的立法协商过程中,以平等原则为例,除一般意义上的机会平等外,结合民族平等原则,立法上至少还涉及两个层面的合理差别对待:一是基于实质平等对处于不利境况下的弱势群体的特殊照顾;二是基于对文化多样性的保护而对少数群体文化相关利益采取的特别措施。

2. 实质性原则的多样性

实质性原则关乎道德判断,在不同的哲学层面和文化背景下,有着不同的内容,也是几千年来人类关于道德哲学永恒的话题。在注重个体利益的社会,自由在诸多实质性原则中居于首位。在注重群体利益的社会,自由又会受到诸多因素的限制。① 以《饮用水水源地保护条例》草案的协商过程为例,生态环境主管部门从行政权的权责一致性角度出发,主张对水源地的有限保护;人大代表从人民饮用水安全的角度出发,主张公权力应当尽可能地对水源地提供保护;基层群众自治组织,一方面,考虑饮用水保护过程中的自主性,保护村(居)民的自治权利;另一方面,考虑自我管理能力的问题,希望公权力适当介入。饮用水水源保护区的严格划分有利于生态环境保护,但是严格划分又会影响当地农业、渔业、种植业、旅游业、工业以及相关方面的建设与发展。因此,在地方立法协商过程中,判断利益正当性的实质性原则与利益本身一样,在价值立场

① 参见[英]边沁:《道德与立法原理导论》,时殷弘译,商务印书馆2000年版,第58页。

和内容上都具有多样性。

3. 实质性原则的暂时性

实质性原则的暂时性是由协商民主的过程所决定的。在立法协商过程中,代表任何一种利益或观点的主张都有可能遭到其他主体的挑战,随着论辩过程的进行而发生改变。① 具体原因很多,第一,可能是立法协商参与主体自愿放弃自己的利益主张,选择协助其他主体实现其利益主张;第二,可能是参与主体在论辩过程中,对实现自己利益主张的社会环境与条件产生了更为客观的认知,继而改变或放弃自己的主张;第三,可能是参与主体所主张利益的正当性被更为深入的道德观点所改变。前两种情形涉及立法协商参与主体的主观愿望与客观认知,第三种情形则与实质性原则的多样性密切相关。地方立法协商过程也是一个具有开放性的论辩过程,各种利益主张在道德上的暂时性,赋予了协商过程得以进行下去的可能性。

---

① 有学者提出,实质性原则在道德上具有暂时性,会因更为深入的道德观点而改变;在政治上具有暂时性,会因更为深入的政治观点而改变。笔者认为,道德上的暂时性在二者中更具深层次意义,因此本书在此不进行类似区分。参见[美]詹姆斯·菲什金、[英]彼得·拉斯莱特主编:《协商民主论争》,张晓敏译,中央编译出版社 2009 年版,第 47 页。

第四章　地方立法权的变迁及其理论基础

正如恩格斯所说，"每一既定社会的经济关系首先表现为利益"①。在一个不断分化的、社会角色多元化、利益多样化的世界，我们面临着一个重要问题，即"在脱离了神灵权威、摆脱了威严建制的交往行动领域中异议风险同时不断增长的情况下，如何可能进行社会整合"②。人类的政治实践证明，立法过程在法律系统中构成了社会整合的首要场所。③ 一旦社会利益得到法律的确认，就以法定权

---

① 《马克思恩格斯选集》（第3卷），中共中央马克思恩格斯列宁斯大林著作编译局编译，人民出版社1995年版，第209页。

② ［德］哈贝马斯：《在事实与规范之间：关于法律和民主法治国的商谈理论》，童世骏译，生活·读书·新知三联书店2003年版，第32页。

③ 参见［德］哈贝马斯：《在事实与规范之间：关于法律和民主法治国的商谈理论》，童世骏译，生活·读书·新知三联书店2003年版，第39页。

力或者权利的形式表现出来。地方立法权调整着复杂的利益关系，同时也体现着复杂的利益关系。地方立法权调整着各地方公民在政治、社会、经济、文化等诸方面产生的利益关系，也体现着执政党对于国家结构形式作出的政治决断、地方与上级国家机关在立法事权上的分配状况以及公民对地方公共事务的参与程度，上述事项关乎执政党、国家、地方、公民等主体最重要、最根本的政治利益。任何法律规范对利益进行调整，必定要遵循一定的价值逻辑。《宪法》《立法法》《民族区域自治法》等对上述利益进行调整的基本法律规范，也存在基本的价值逻辑，在地方立法权涉及的领域，基本价值目标至少包括国家统一、人民主权、民族平等。本章主要探讨单一制国家结构形式下的地方立法权的价值逻辑及完善方向。

第一节　单一制国家结构形式下的地方立法权及其变迁

国家结构形式是“在国家机构体系内纵向配置和运用国家权力的政治法律制度”。国家结构形式关乎国家这个共同体的整体与组成部分之间的关系，在我国其实质是规定中央与地方、整体与部分之间的权限划分。民族自治地方立法权是中央与民族自治地方权限划分状况的集中体现。

一、《共同纲领》确立单一制国家结构形式与民族区域自治

中国一直以来就是统一的多民族国家，汉族和各少数民族共同缔造了这片土地上的灿烂文化。中国共产党领导各族人民建立新中国的过程中，带领各族人民争取平等地位与自主权利一直是首要的奋斗目标。新中国成立后，中国共产党又继续带领各族人民建立和加强平等、团结、互助、和谐的社会主义民族关系，实现民族地区的发展、各民族的共同繁荣。

《共同纲领》将实行单一制国家结构形式下的民族区域自治这个重大政治决断法律化。① 周恩来在中国人民政治协商会议第一次会议召开前的报告中,对“我们国家是不是多民族联邦制”作出解释。② 具体说来,《共同纲领》规定“实行民族的区域自治”,主要采取的是民族区域自治和特别代表权的方式解决少数民族的自治问题。③

无论是号召各少数民族破除狭隘的民族主义,一起反抗国民党的反动统治、争取民族自决权,或是号召“团结各民族为一体”一致抗日、建立联合政府,或是号召建立新民主主义国家、实行“民族的区域自治”,各少数民族争取平等以及自主管理“自己”事务的权利一直是首要考虑的问题,只是根据是否将其置于统一的多民族国家框架之下考虑以及采取何种国家结构形式,解决方案各有不同而已。因此,也可以说对“民族”因素的考虑,即对少数民族自治权利的承认,是民族区域自治制度建立的决定性因素,是民族自治地方被赋予自治权的决定性因素。

二、从自治立法看地方立法权的变迁

一国立法权的配置,往往受自然环境、政治、经济、历史文化、民族

---

① 1949年9月中国人民政治协商会议第一届全体会议通过了《共同纲领》,其第1条规定,中华人民共和国为新民主主义即人民民主主义的国家;第51条规定,各少数民族聚居的地区,应实行民族的区域自治。

② “少数民族有蒙族、回族、藏族、维吾尔族、苗族、夷族、高山族等,总起来,还不到全国人口的百分之十。当然,不管人数多少,各民族间是平等的。”“这里主要的问题在于民族政策是以自治为目标,还是超过自治范围。我们主张民族自治,但一定要防止帝国主义利用民族问题来挑拨离间中国的统一……今天帝国主义者又想分裂我们的西藏、台湾甚至新疆,在这种情况下,我们希望各民族不要听帝国主义者的挑拨。为了这一点,我们国家的名称,叫中华人民共和国,而不叫联邦。”参见中共中央统一战线工作部中共中央文献研究室编:《周恩来统一战线文选》,人民出版社1984年版,第139~140页。

③ 即在少数民族聚居的地区,实行民族的区域自治,按照民族聚居的人口多少和区域大小,建立民族自治机关,各民族在自治机关中均应有相当名额的代表;在各民族杂居的地方,各民族在当地政权机关中均应有相当名额的代表。列宁提出的拥有“统一民族成分”的地区可通过“民族的区域自治”,民族杂居区则应通过“完全民主的地方自治”保障少数民族权利的主张,构成上述制度选择的思想渊源。

等因素的影响,新中国成立以来,中央与地方的立法权配置几经变迁,此处以民族自治地方的自治立法权为例,探析立法权的变迁及其影响因素。

(一)1952年《民族区域自治实施纲要》规定的民族区域自治与立法权

虽然“民族”因素是建立民族区域自治制度的决定性因素,但随着各少数民族受压迫地位的彻底改变和新中国的成立,中国共产党民族政策的重心逐渐转移到了建立和促进各少数民族之间的平等、团结、互助、和谐的关系上,“区域”成为民族政策中更需要关注的因素。中国境内各民族杂居的状况也决定了民族区域自治不是也不可能是某些单一民族或所谓主体民族的自治,而是自治区域内各民族的联合自治。

1. 少数民族的平等独立到民族区域自治

新中国成立以后,各少数民族彻底改变了受压迫、不平等的地位,实现了人民当家作主。结合我国实际,虽然《共同纲领》第51条规定的是实行“民族的”区域自治,但是新中国成立以后的多次人口普查表明,没有一个县是以一个单一民族构成聚居区的,各民族的杂居已是普遍现象。我国并未明确规定实行区域自治的少数民族人口比例,但从一些规定中能看出对少数民族人口比例的重视。①

由于我国民族构成与分布,要按照单一民族建立民族的区域自治,几乎是不可能的。为解决这一问题,我国降低了关于聚居少数民族的人口的要求,这一点体现于1952年的《民族区域自治实施纲要》中。该实

---

① 1950年4月3日作出的《中共中央关于在民族杂居地区成立民族民主联合政府的指示》指出,“西南汉族与藏、苗、彝等族杂居的专区和县的各级政府,若当地少数民族占多数时,原则上应按各民族人口比例,分配当地政府委员会及人民代表会议的名额”,“若当地少数民族占少数时,各少数民族在当地政府机关中均应有相当名额的代表”。该指示规定少数民族占多数的民族杂居地区也应建立民族民主联合政府,这说明只有人口达到比“多数”更高的比例的少数民族聚居区才能实施民族的区域自治。参见田钒平:《民族区域自治的实质内涵辨析》,载《贵州社会科学》2014年第9期。

施纲要是新中国成立以来第一部关于民族区域自治的专门法律，虽然其规定民族自治区包括三种类型，[①]但在实践中已经没有以一个单一民族聚居区为基础建立的自治区域了，基本上都是一个大的少数民族加人口较少的其他民族，或者两个或多个少数民族联合建立的自治区。从性质上看，民族区域自治已经是民族自治与区域自治的结合了。[②] 可以看出，中国共产党设立民族自治地方最初考虑的民族因素(例如少数民族的人口规模)，在自治区的划定过程中已扩展为各民族的团结以及经济、政治、社会发展等有利于自治区建设的区域因素。

2. 民族自治地方的立法权与关于“本民族内部事务”的规定

1949 年《共同纲领》制定之后至 1954 年《宪法》出台之前，民族自治地方立法权主要规定于《民族区域自治实施纲要》第 23 条。[③] 该实施纲要第 3 条还对“本民族内部事务”作出了规定。[④] 由此可见，作为后来学者们判断自治权包括自治立法权范围的主要依据的“本民族内部事务”的提法，首次出现在全国性的法律文件中。

---

① 一是以一个少数民族聚居区为基础而建立的自治区；二是以一个大的少数民族聚居区为基础，并包括个别人口很少的其他少数民族聚居区所建立的自治区；三是以两个或多个少数民族聚居区为基础联合建立的自治区。

② 李维汉指出：“有些与汉族聚居区相联接或相交错的少数民族聚居区，因为经济、政治和历史的原因，在实行区域自治时，包含了一部分汉族居民区和城镇，个别民族自治区所包含的汉族居民甚至占自治区人口的多数。这是允许的，因为这既有利于民族团结，更有利于自治区的建设。”参见李维汉编著：《统一战线问题与民族问题》，人民出版社 1981 年版，第 465 页。

③ 《民族区域自治实施纲要》第 23 条规定，“各民族自治区自治机关在中央人民政府和上级人民政府法令所规定的范围内，依其自治权限，得制定本自治区单行法规，层报上两级人民政府核准”。

④ 《民族区域自治实施纲要》第 3 条规定，“中国人民政治协商会议共同纲领，为中华人民共和国各民族现阶段团结奋斗的总道路，各民族自治区人民管理本民族内部事务，须遵循此总道路前进”。

（二）1954年《宪法》确立的民族区域自治与立法权

1.1954年《宪法》更加注重民族自治地方的区域因素和各民族之间的关系

1954年《宪法》在一定程度上弱化了民族自治地方的"民族"因素。例如，其第3条第4款规定"各少数民族聚居的地方实行区域自治"，该条与《共同纲领》第51条"实行民族的区域自治"的表述有所不同，改变了"民族的"区域自治的说法，从文义上看，强调自治区的区域因素大过民族因素。但纵观整部宪法文本，个别规定也存在逻辑不一致的地方，例如，第67条中"实行区域自治的民族"的提法又过分强调了民族因素，①甚至还会让人产生民族区域自治是单一民族或某些人口规模较大的所谓"主体民族"的自治的误解。不过，第68条关于各民族共同参与自治的规定，可以在一定程度上消除第67条产生的误解。②

2.1954年《宪法》对民族自治地方的自治权限作出了更明确的规定

民族自治地方的建立从本源上看是基于对少数民族自治权利的承认，一旦转化为规范实践意义上的自治权，就是民族自治地方的自治权。其具体权限范围来自宪法和相关法律的授权，这一点由1954年《宪法》第70条予以明确。③该条经过了一个深入探讨和达成广泛共识的民主协商过程，根据记载，在刘少奇主持的宪法起草委员会第四次全体会议上，一些同志认为第70条的规定意味着自治权受到了很多限制，质疑是不是法律没有规定的事情民族自治地方就不能做了？邓小平明确回答："宪法上充分保障了少数民族的权利，不能设想在宪法之外还可以做别的事情。要求脱离中国，加入别的国家，那不行；要求特殊，独立起来，也

① 1954年《宪法》第67条规定，自治机关的形式可以依照实行区域自治的民族大多数人民的意愿规定。

② 1954年《宪法》第68条规定："在多民族杂居的自治区、自治州、自治县的自治机关中，各有关民族都应当有适当名额的代表。"

③ 1954年《宪法》第70条规定，各民族自治地方的自治机关按照宪法和法律规定的权限行使自治权。

不行。具体的,政治、经济、文化的权利,是充分保障的。如果现在规定得还不够完备,将来还可以补充,但也要由法律来补充。”①

3. 1954 年《宪法》取消地方立法权但保留了民族自治地方立法权

从地方立法权看,1954 年《宪法》取消了非自治地方享有的法令、条例拟订权,将立法权收归中央,但同时保留了民族自治地方的立法权。② 1954 年《宪法》虽然将民族自治地方的自治权限定在法定范围之内,但这一时期民族自治地方与非自治地方相比,在立法权限上具有绝对优势。与 1949 年《共同纲领》、1952 年《民族区域自治实施纲要》相比,1954 年《宪法》更注重民族自治区各民族之间的联合自治,在实现多民族国家政治整合的同时,也为民族区域法治建设奠定了宪制基础,截至 1958 年年底,建立了内蒙古、新疆、广西、宁夏 4 个自治区,29 个自治州,54 个自治县(旗),全国共建立起 87 个民族自治地方。③ 在 1966 年之前,民族自治地方立法工作出现了短暂繁荣,全国人大常委会批准了 48 个民族自治地方的组织条例。

(三)1982 年《宪法》及相关法中的民族区域自治与立法权

“文化大革命”期间,民族自治地方立法工作全面停滞。1975 年《宪法》甚至取消了民族自治地方的立法权。1954 年《宪法》关于民族自治地方制定自治条例和单行条例的规定虽然在 1978 年《宪法》中得到恢复,但是民族法制建设仍然停滞不前。党的十一届三中全会以后,民族自治地方的法治才迎来春天。

---

① 韩大元:《1954 年宪法制定过程》,法律出版社 2014 年版,第 283 页。

② 1954 年《宪法》第 27 条、第 31 条规定,全国人大有权修改宪法、制定法律,全国人大常委会负责解释法律、制定法令;第 70 条第 4 款规定,自治区、自治州、自治县的自治机关可以依照当地民族的政治、经济和文化的特点,制定自治条例和单行条例,报请全国人民代表大会常务委员会批准。

③ 参见黄光学主编:《当代中国的民族工作》(上),当代中国出版社 1993 年版,第 91 页。

1.1982 年《宪法》规定的民族区域自治与民族自治地方立法权

1954 年《宪法》关于民族问题的基本原则和精神在 1982 年《宪法》中得到继承和发展。1982 年《宪法》在序言中宣告中国是全国各族人民共同缔造的统一的多民族国家,平等、团结、互助的社会主义民族关系已经确立并将继续加强,国家尽一切努力促进各民族的共同繁荣。从序言可以看出,1982 年《宪法》十分注重各民族之间的关系,这一点直接决定了民族区域自治制度的功能定位——民族自治地方各民族的自治。1982 年《宪法》还继承了 1954 年《宪法》用比例代表制建立各民族共治机制的做法。[①] 但是将民族自治地方各民族分为“实行区域自治的民族”和“其他民族”,与整部宪法的逻辑不一致。[②]

1979 年《地方组织法》、1982 年《宪法》授予了民族自治地方和非自治地方立法权。[③] 根据 1979 年《地方组织法》、1982 年《宪法》规定的地方立法体制,省、自治区、直辖市都有立法权,其中自治区不仅享有省级人大及其常委会的地方性法规制定权,还享有自治区人大的自治立法权。自治州、自治县与其他不具有立法权的地级市、县(市)相比也具有优势。从上述规定可以明显看出民族自治地方的自主程度大于非民族自治地方。

---

① 1982 年《宪法》第 4 条规定,各少数民族聚居的地方实行区域自治,设立自治机关,行使自治权。第 113 条第 1 款规定,民族自治地方人大中,除实行区域自治的民族的代表外,其他居住在本行政区域内的民族也应当有适当名额的代表。

② 类似条款还包括:1982 年《宪法》第 113 条第 2 款规定自治区、自治州、自治县的人大常委会中应当有“实行区域自治的民族”的公民担任主任或者副主任;第 114 条规定自治区主席、自治州州长、自治县县长由“实行区域自治的民族”的公民担任。上述条款对“实行区域自治的民族”的强调,容易导致民族区域自治是单一民族或“主体民族”的自治的误解。

③ 在民族自治地方,根据 1982 年《宪法》第 116 条,自治区、自治州、自治县的人民代表大会有权制定自治条例和单行条例。根据第 115 条,自治机关也行使地方国家机关的职权,可以根据本地方实际情况贯彻执行国家的法律、政策。在非自治地方,第 100 条规定,省、直辖市人大及其常委会可以制定地方性法规。

2. 1984 年《民族区域自治法》中的民族区域自治与立法权

1984 年《民族区域自治法》根据 1982 年《宪法》制定，是对宪法相关规定的细化，但也不完全是对宪法的照搬。① 1984 年《民族区域自治法》序言中对民族区域自治和少数民族管理本民族内部事务权利的规定，可以从 1982 年《宪法》中找到明确依据，其中"各少数民族管理本民族内部事务权利"的渊源还要追溯到 1952 年的《民族区域自治实施纲要》。但是，1984 年《民族区域自治法》中规定的"本民族内部事务"的内涵没有得到有权机构的明确，实践中一直存在争议。

在民族自治地方立法权方面，除了重申 1982 年《宪法》的规定以外，1984 年《民族区域自治法》还规定了变通执行的程序。② 该规定是 1952 年的《民族区域自治实施纲要》所没有的，该条赋予民族自治地方"变通执行或者停止执行"，进一步扩大了民族自治地方的立法自主权。

(四)2015 年地方立法权扩容后的民族区域自治及立法权

1. 2015 年修改《立法法》对民族自治地方立法权的影响

一方面，《立法法》修改后授予自治州地方性法规和规章制定权。这次授权是我国地方立法体制改革的结果，根据《民族区域自治法》中关于自治州属性的规定。③ 此次修法赋予自治州地方立法权，是基于自治州

---

① 例如，在 1984 年《民族区域自治法》序言中规定，"实行民族区域自治，体现了国家充分尊重和保障各少数民族管理本民族内部事务权利的精神，体现了国家坚持实行各民族平等、团结和共同繁荣的原则"。

② 阿沛·阿旺晋美 1984 年 5 月 22 日在第六届全国人民代表大会第二次会议上所作的《关于〈中华人民共和国民族区域自治法(草案)〉的说明》指出，根据宪法规定的精神，《民族区域自治法(草案)》除了规定民族自治地方有权制定自治条例和单行条例外，还规定在不违背宪法和法律的原则下，有权采取特殊政策和灵活措施；并规定上级国家机关的决议、决定、命令和指示，如有不适合民族自治地方实际情况的，自治机关可以报经上级国家机关批准，变通执行或者停止执行。参见金炳镐主编：《民族纲领政策文献选编》，中央民族大学出版社 2006 年版，第 686 页。

③ 根据《民族区域自治法》关于"自治州的自治机关行使下设区、县的市的地方国家机关的职权，同时行使自治权"的规定。参见乔晓阳主编：《〈中华人民共和国立法法〉导读与释义》，中国民主法制出版社 2015 年版，第 33 页。

的“区域”因素，与“民族”因素无关。我国立法体制随着社会的发展而发展，如前所述，1954 年《宪法》规定全国人大是“行使国家立法权的唯一机关”，“文化大革命”结束后，国家将经济建设作为主要任务，中央开始以一种“非均衡、有梯度的方式”向地方授予立法权。[①] 例如，1992 年起中共中央、国务院根据广东、福建两省的有利条件，决定赋予深圳、珠海、汕头、厦门四个经济特区地方立法权；此后，随着一系列授权，省会市和较大的市的人大及其常委会可以拟订地方性法规草案。立法体制发生重大变革，变成“中央和地方两级立法体制”[②]。1986 年《地方组织法》再次修改，将省会市和经国务院批准的较大的市的人大及其常委会的地方性法规拟订权改为制定权。2015 年修改《立法法》，所有设区的市的人民代表大会及其常委会获得对城乡建设与管理、环境保护、历史文化保护等方面事项的地方性法规制定权，设区的市的政府则获得相应领域的规章制定权。自治州因其法律地位等同于设区的市，也获得对上述三方面事项的地方性法规制定权和规章制定权。

《立法法》修改后加强了对民族自治地方自治立法权的监督。修改后的《立法法》[③]加强了对自治条例和单行条例的备案审查监督，尤其是加强了对民族自治地方变通立法的监督。

2. 2018 年修改《宪法》后的民族区域自治与立法权

2018 年《宪法》序言和相关制度的修改，对民族自治地方立法权产

---

① 参见封丽霞：《中央与地方立法事权划分的理念、标准与中国实践——兼析我国央地立法事权法治化的基本思路》，载《政治与法律》2017 年第 6 期。

② 王汉斌：《王汉斌访谈录——亲历新时期社会主义民主法制建设》，中国民主法制出版社 2012 年版，第 81 页。

③ 2015 年的《立法法》第 99 条和第 98 条第 3 项规定，法定的国家机关和社会团体、企业事业组织以及公民有权向全国人大常委会提出审查同宪法或者法律相抵触的自治条例和单行条例的建议。自治州、自治县人大制定的自治条例和单行条例，由省级人大常委会报全国人大常委会和国务院备案；自治条例、单行条例报送备案时，应当说明对法律、行政法规、地方性法规作出变通的情况。相关内容现为《立法法》第 110 条和第 109 条。

生了极大的影响,为立法权的合理配置、立法机制的完善指明了新的方向。

第一,将“实现中华民族伟大复兴”作为宪法任务和国家目标写入序言,为民族区域自治制度以及民族自治地方立法权提供了目标和指引。“实现中华民族伟大复兴”入宪,不仅指明了党和国家的重要任务和奋斗目标,促进最广泛的爱国统一战线的形成,还有助于铸牢中华民族共同体意识。从中央与地方的权力配置方式上看,我国采取的是典型的民主集中式的权力配置模式,是典型的民主集中单一制国家。在这个单一制的宪法框架下,历部宪法(或宪法性文件)都为地方留下了一定的自主空间。[①] 随着民族区域自治制度和特别行政区制度的发展,我国的国家结构形式内涵将会越来越丰富,已经从传统的“单一制”变成“复合单一制”。[②] 将“中华民族”写入宪法,为增强国家这个政治共同体的凝聚力提供了依据和指引;从统一多民族国家的民族关系上看,“中华民族”入宪意义重大,[③]强调中华民族共同体意识意义重大,[④]为民族区域自治制度的发展指明了方向,也为民族自治地方立法权的行使指明了方向。

第二,将序言中“平等、团结、互助的社会主义民族关系”,改为“平等团结互助和谐的社会主义民族关系”,为民族自治地方立法权的行使

---

① 例如早期在《共同纲领》中规定了“因地制宜”的中央与地方关系原则;1982 年《宪法》第 3 条第 4 款规定:“中央和地方的国家机构职权的划分,遵循在中央的统一领导下,充分发挥地方的主动性、积极性的原则。”

② 参见戴小明、冉艳辉:《论国家结构形式与民族区域自治》,载《中南民族大学学报(人文社会科学版)》2014 年第 5 期。

③ “为统一多民族国家的建设目标提供了宪法依据,为铸牢中华民族共同体意识提供了法理基础,为维护民族团结提供了基础性规范的指引。”参见潘红祥、张星:《中国民族法治七十年:成就、经验与展望》,载《民族研究》2019 年第 3 期。

④ 超越了基于个体的身份意识,顺应了我国各民族交错杂居、交往交流交融的现状,在尊重各民族平等权利的前提下,引领共同体的发展、增强了共同体的凝聚力。参见熊文钊、王楚克:《“中华民族”入宪:概念由来、规范释义与重大意义》,载《西北大学学报(哲学社会科学版)》2018 年第 4 期。

赋予了新的使命。"和谐"一词首次正式使用于官方对社会主义民族关系的阐述，是在2005年5月的中央民族工作会议暨国务院第四次全国民族团结进步表彰大会上。① 2018年将"和谐"写入《宪法》，表明党和国家对民族关系发展规律认识的深化和提高。随着社会经济的发展、城市化进程的加快，区域之间发展不平衡，民族关系所面临的问题也呈现出新的特点，如随着各民族的交往交流交融，民族自治地方的利益主体日渐多元化、复杂化，散居少数民族与当地之间也存在利益上的交流和碰撞，还有境外分裂势力利用民族关系做文章。要解决上述因为发展的差距和文化的差异所导致的问题，必须从根源上着手，通过对民族地区的财政转移支付、对口帮扶等措施，缩小经济上的差距，改善民生，及时处置、化解矛盾。同时要坚决反对狭隘的民族主义意识和分裂破坏活动。②

第三，《宪法》第100条规定了省、直辖市的人民代表大会及其常委会的地方性法规制定权。③ 对此，有学者解释，自治州人大常委会的地方性法规制定权只能视为全国人大通过《立法法》的"另行专门授权"。④ 但是，该"另行专门授权"还是缺乏宪法上的依据。要实现《宪法》《民族区域自治法》《立法法》在该问题上的逻辑自洽和相互衔接，笔者认为解

---

① 参见田孟清：《从修宪看社会主义民族关系的新发展与新特征》，载《中南民族大学学报（人文社会科学版）》2018年第4期。

② 参见田孟清：《从修宪看社会主义民族关系的新发展与新特征》，载《中南民族大学学报（人文社会科学版）》2018年第4期。

③ 按照该款的规定，设区的市的人大及其常委会在不同宪法、法律、行政法规和本省、自治区的地方性法规相抵触的前提下，可以依法制定地方性法规。该款并没有像《立法法》那样同时规定自治州的地方性法规制定权。根据《民族区域自治法》第4条第2款的规定，"自治州的自治机关行使下设区、县的市的地方国家机关的职权，同时行使自治权"；《宪法》第112条规定，"民族自治地方的自治机关是自治区、自治州、自治县的人民代表大会和人民政府"。这两条规定可以为自治州人大和政府的地方性法规制定权和规章制定权提供依据，但是并不能为自治州人大常委会的地方性法规制定权提供依据。

④ 参见郑毅：《自治机关构成与自治州地方性法规的授权逻辑》，载《贵州民族研究》2015年第7期。

决思路有两种：一是对《宪法》第112条规定的自治机关进行广义的解释，即该条中民族自治地方的“人民代表大会”包括人民代表大会及其常委会，赋予民族自治地方人大常委会自治权；二是修改《宪法》第100条，按照《立法法》的授权方式，在设区的市之外，补充规定自治州人大及其常委会的地方性法规制定权。

3. 2023年修改《立法法》对民族自治地方立法的影响

2023年再次修改《立法法》，其根据新情况新需要，总结实践经验，对地方性法规的立法权限和程序作出修改完善：一是关于自治州与设区的市可以行使地方立法权的事项，将“环境保护”修改为“生态文明建设”，并增加规定“基层治理”。相比“环境保护”，“生态文明建设”涵盖了更广泛的内容。二是贯彻国家区域协调发展战略，根据地方实践经验，增加规定：省、自治区、直辖市和设区的市、自治州的人大及其常委会根据区域协调发展的需要，可以协同制定地方性法规，在本行政区域或者有关区域内实施；省、自治区、直辖市和设区的市、自治州可以建立区域协同立法工作机制。① 上述修改为民族自治地方立法与区域协同立法提供了更完备的制度依据。

在法治国家，立法是对复杂的社会利益进行协调和配置的主要手段，民族自治地方立法权的发展是法治国家进程的一个缩影。在当前的新形势下，必须提高运用法治思维和法治方式解决民族问题的能力。2021年中央民族工作会议要求提升民族事务治理体系和治理能力现代化水平，根据不同地区、不同民族实际，以公平公正为原则，突出区域化和精准性，更多针对特定地区、特殊问题、特别事项制定实施差别化区域支持政策。可见，新时代对民族自治地方立法乃至整个国家立法都提出了更新、更高的要求。

---

① 参见王晨：《关于〈中华人民共和国立法法（修正草案）〉的说明——2023年3月5日在第十四届全国人民代表大会第一次会议上》。

第二节 自治立法权与地方性法规制定权之间的关系

2015年地方立法权扩容后,民族自治地方的自治立法权和地方性法规制定权并列,就二者的权限划分问题,在理论上和实务界均存诸多争议。本节拟从两种立法权的主体、客体和权限入手,考察两种立法权之间的关系。

一、关于两种立法权权限的争议

我国民族自治地方立法权包括自治立法权与地方性法规制定权。《宪法》第115条、第116条,《民族区域自治法》第19条、第20条的规定为自治机关通过自治条例、单行条例和变通、补充规定的形式行使变通立法权提供了依据。[①] 但各级自治地方的立法权限也有差异。例如,根据1986年《地方组织法》和2000年《立法法》的授权,自治区人大及其常委会还享有地方性法规制定权。2015年《立法法》修正之后,自治州人大及其常委会也被赋予了地方性法规制定权。这两种立法权的属性不同,[②]所代表的利益关系也不同。自治立法权体现了中央与民族自治地方、民族自治地方与上级国家机关之间的利益分配,而地方性法规制定权则体现了中央与地方各层级之间的利益分配。民族自治地方与非自

① 《宪法》第116条、《民族区域自治法》第19条规定,民族自治地方的人民代表大会有权依照当地民族的政治、经济和文化的特点,制定自治条例和单行条例。《宪法》第115条还规定,自治区、自治州、自治县的自治机关可以根据本地方实际情况贯彻执行国家的法律、政策。《民族区域自治法》第20条也规定,上级国家机关的决议、决定、命令和指示,如有不适合民族自治地方实际情况的,自治机关可以报经该上级国家机关批准,变通执行或者停止执行。

② 如前所述,自治立法权属于民族自治地方自治机关享有的权力,地方性法规制定权是地方国家权力机关依法享有的权力。由于自治区、自治州等民族自治地方人大兼具自治机关和地方国家权力机关的属性,因此同时享有自治立法权和地方性法规制定权。

治地方权限不同，两种立法权的制度逻辑自然存在差别。

地方立法权扩容后，民族自治地方立法机关对地方性法规制定权的偏好引发了学界的讨论，一些学者认为，用地方性法规制定权架空自治立法权，会损害自治地方的权力、动摇民族区域自治制度。① 也有一些学者认为，自治州获得地方性法规制定权后自治立法权在适用范围上出现萎缩，恰恰是“《立法法》对自治州单行条例长期以来越位立法问题的拨乱反正”②。民族区域自治制度是我国的基本政治制度之一，民族自治地方立法权的良性发展对于铸牢中华民族共同体意识、实现民族平等以及推动各民族共同发展有着重要意义。笔者认为，无论从哪个角度去评估民族自治地方的立法偏好，目的都在于促进两种立法权的合理配置与规范行使，促进民族自治地方立法权的良性发展。合理配置与规范行使两种立法权的前提，在于明晰自治立法权与地方性法规制定权的权限划分问题。但是，从规范层面看，目前没有任何一部法律对自治立法权和地方性法规制定权的范围进行划定，只有学界对两种立法权的区分作出了一些尝试。笔者将代表性观点归纳为“优惠照顾”理论、“变通权”论和“本民族内部事务”论。

第一，“优惠照顾”理论，主张无须对两种立法权进行区分。在相关著述中，沈寿文教授的论述具有代表性。③

---

① 参见冉艳辉：《民族自治地方立法权的合理配置探析》，载《学术交流》2017年第2期等。

② 郑毅：《〈立法法〉修改后自治州一般地方立法权与自治立法权关系研究》，载《法学评论》2018年第4期。

③ 沈寿文教授认为，作为民族区域自治权之一的民族区域自治立法权，本质上是国家赋予民族自治地方的一项一般地方所没有的“优惠照顾”权力，民族自治地方在不“变通规定”法律、行政法规的前提下，选择哪种立法，应当由民族自治地方自治机关自己决定，这种自己决定本身就体现了国家对民族自治地方的“优惠照顾”，也就体现了民族区域自治制度作为一项优惠照顾制度的本质。参见沈寿文：《民族区域自治立法权与一般地方立法权的关系——以“优惠照顾理论”范式为视角》，载《广西民族研究》2016年第3期。

第二,“变通权”论,主张按照是否需要行使变通权进行区分。[①] 笔者在调研过程中发现,这种观点在立法实务界也比较盛行。

第三,“本民族内部事务”论,主张按照是否调整“本民族内部事务”进行区分。[②] 在相关著述中,潘红祥教授的论述具有代表性。[③]

综观上述观点,对民族自治地方两种立法权的认识,还取决于对民族自治地方自治权的认识。自治立法权和地方性法规制定权,分别代表了我国单一制国家结构形式下民族自治地方与一般地方的中央与地方权力的配置状况。因此本书拟结合我国单一制国家结构形式的确立和民族区域自治制度的发展过程,讨论民族自治地方两种立法权的主体、客体及权限划分。

二、自治立法权的主体

民族自治地方的自治立法权属于自治权的一部分,源于党和国家对少数民族自治权利的承认和落实,但在民族自治地方由当地各族人民共同享有。

(一)原初意义上的主体与规范实践中的主体

新中国成立之时,基于马克思主义民族平等原则对所有少数民族自治权利的承认和尊重,中国共产党最终作出在单一制国家结构形式下实

---

① 例如,有学者认为两种立法权的协调路径为,在立法的共同领域,需要变通的,由人大行使自治法规立法权;不需要变通的,由人大常委会行使地方性法规立法权。参见雷伟红:《论民族自治地方自治法规立法权与地方性法规立法权的协调》,载《中南民族大学学报(人文社会科学版)》2018 年第 4 期。

② 《民族区域自治法》在序言中规定,“实行民族区域自治,体现了国家充分尊重和保障各少数民族管理本民族内部事务权利的精神,体现了国家坚持实行各民族平等、团结和共同繁荣的原则”。一些学者就以“本民族内部事务”为标准划分两种立法权。

③ 潘红祥教授认为,“只有那些属于聚居少数民族独有的政治、经济和文化事务才能成为自治立法的事项范围,而那些聚居少数民族与其他散居少数民族和汉族的共同事务则超出聚居少数民族‘内部事务’之外,外溢为民族自治地方共同的地方事务,成为地方立法权涵括的事项范围”。参见潘红祥:《论民族自治地方自治立法权和地方立法权的科学界分》,载《法学评论》2019 年第 3 期。

行民族区域自治制度的政治决断。少数民族自治权是一种原初意义上的自治权,是基于民族身份而享有的自治权。原初意义上的自治权要转化为规范实践意义上的自治权才能落实。① 虽然我国设立民族区域自治制度的初衷是实现少数民族的自治权,但在建立民族自治地方的过程中,鉴于各民族交错杂居的实际情况,某单一民族或某些人口规模大的"主体"民族实行自治根本不现实,因此采取了民族自治与区域自治相结合的方式划定自治地方,授予该自治地方自治权。民族自治地方的自治权由当地各族人民享有,由自治机关行使。当地所有民族的代表组成自治机关,因此,当地少数民族管理本民族内部事务和各民族共同管理本地方事务的机关是自治机关。

(二)归属主体与行使主体

目前,也有学者注意到民族区域自治权的归属主体和行使主体有所不同,并有意识地将两者分离开来进行讨论。例如,有学者认为民族自治地方自治权的归属主体是民族自治地方的所有聚居少数民族,行使主体是民族自治地方的自治机关。② 但笔者认为,民族自治地方自治权的归属主体与行使主体都是自治地方的所有民族。③ 当然,民族区域自治

① 有学者将民族自治权称为"政治原则意义上的自治权",将民族自治地方自治机关的自治权称为"规范实践意义上的自治权",并指出了前者与后者之间的转化关系。参见潘红祥:《论民族自治地方自治立法权和地方立法权的科学界分》,载《法学评论》2019 年第 3 期。

② 参见潘红祥:《论民族自治地方自治立法权和地方立法权的科学界分》,载《法学评论》2019 年第 3 期。

③ 虽然原初意义上的少数民族自治权要转化为规范实践意义上的自治权必须满足一个条件——该地方存在聚居的少数民族,但是转化过程中又增加了对区域因素的考虑,因此转化后的民族自治地方自治权是民族和区域因素结合的自治权,与原初意义上的基于民族身份的少数民族自治权已经不是一回事,因此归属主体不再是民族自治地方聚居的少数民族。

权的主体更不可能是当地的某些单一或“主体”民族。[①] 因此，民族自治地方自治立法权的归属主体、行使主体与自治权一致，也是自治地方的所有民族。

三、自治立法权的客体

民族自治地方自治立法权的客体取决于自治权的客体，根据《民族区域自治法》，民族自治地方自治机关兼具自治机关和地方国家机关的双重属性，自治权包括管理聚居地少数民族内部事务的权力和管理本地方所有民族的公共事务的权力。因此，民族自治地方自治立法权的客体也包括“本民族内部事务”和民族自治地方的事务。[②]

（一）“本民族内部事务”

对于《民族区域自治法》序言规定的“本民族内部事务”的理解，学界目前存在争议。代表性的观点主要有三种：

第一种观点认为，“本民族内部事务”是民族自治地方各少数民族的内部事务，也即聚居少数民族的内部事务。[③]

---

① 正如学者所指出的，“如将宪法规定的‘少数民族聚居的地方实行区域自治’转换为‘居于主体地位的少数民族实行区域自治’，事实上就将居住在该地区的其他民族排除在了区域自治的主体之外，既不符合民族平等的要求，又剥夺了不具有自治民族身份的公民的政治权利，与公民平等的宪法要求不符”。参见田钒平：《民族区域自治的实质内涵辨析》，载《贵州社会科学》2014 年第 9 期。

② 有学者认为，虽然民族区域自治权的客体既包括“本民族内部事务”也包括“所有民族共同的地方事务”，但是民族区域自治权中的自治立法权的客体只能是“本民族内部事务”，即该区域所有聚居少数民族的内部事务。参见潘红祥：《论民族自治地方自治立法权和地方立法权的科学界分》，载《法学评论》2019 年第 3 期。笔者对此不赞同，自治立法权属于自治权，二者在客体上也是一致的。

③ 例如，有学者认为，“‘本民族内部事务’的含义，是在民族自治地方范围内的、由各民族人民代表组成的自治机关，通过行使自治权来体现本地方各少数民族管理本民族内部事务权利的一种表现形式”。参见吴宗金：《“本民族内部事务”之我见——兼与赵学发商榷》，载《中国民族》1987 年第 12 期。还有学者明确指出“本民族内部事务”的“本民族”是指民族自治地方的聚居少数民族，“本民族内部事务”就是聚居少数民族的内部事务。参见潘红祥：《论民族自治地方自治立法权和地方立法权的科学界分》，载《法学评论》2019 年第 3 期。

第二种观点认为,“本民族内部事务”包含本地方各民族的一切事务。① 也有学者认为,“本民族内部事务”早期在内涵上倾向于“实行区域自治的少数民族的内部事务”,现在已逐渐转化为本地方所有民族的事务。②

第三种观点认为,根本不应再提“本民族内部事务”。因为提出“本民族内部事务”时特殊的历史背景已经消失,即少数民族内部已经不存在旧政权。再继续提“本民族内部事务”实际上是对“民族”概念的误用,即将国家意义上的“民族”(nation)概念与族群意义上的“民族”(ethnic group)概念混淆,才会出现“少数民族在统一的祖国大家庭中实现管理本民族内部事务的政治权利”的提法。③

笔者认为,要真正理解“本民族内部事务”,必须回到相应的法律规范文本和历史背景之中。“本民族内部事务”首次出现于全国性的法律文本,是在 1952 年的《民族区域自治实施纲要》中。应该说,该实施纲要规定“本民族内部事务”是有特殊时代背景的。

一方面,“管理本民族内部事务”既属于“因地制宜”的国家治理原则的一部分,在民族自治地方中又存在特殊内涵。新中国成立初期地方百废待兴,中央权力很难兼顾各地实际情况。《共同纲领》虽然对中央与地方的权力划分并不明确,但在第 16 条规定了“既利于国家统一,又利于因地制宜”的原则。对于一般自治地方,原中央人民政府政务院分别于 1949 年 12 月和 1950 年 1 月制定了《大行政区人民政府委员会组织通则》和《省、市、县人民政府组织通则》,规定大行政区、省、市、县等各

---

① 例如,有学者认为,“‘本民族内部事务’是指民族自治地方内,关系各民族共同利益和共同繁荣发展的一切事务,而不是指实行自治的主体民族的有关事务”。参见赵健君:《如何理解“本民族内部事务”?》,载《中国民族》1986 年第 10 期。

② 参见郑毅:《〈立法法〉修改后自治州一般地方立法权与自治立法权关系研究》,载《法学评论》2018 年第 4 期。

③ 参见沈寿文:《“本民族内部事务”提法之反思》,载《思想战线》2013 年第 3 期。

级人民政府有权拟订暂行法令、条例或单行法规；民族自治地方则依据《民族区域自治实施纲要》的规定制定单行法规。总的来说，这个阶段自治地方与非自治地方都可以依照法定程序因地制宜地行使地方立法权、管理本地方事务。

另一方面，“本民族内部事务”与民族自治地方各少数民族独特的传统文化与生活方式密切相关。我国的少数民族历史悠久，有着丰富的传统文化和生活方式，也留存着形式多样的维持民间社会秩序的体系，如壮族的寨老制、苗族的议榔制、瑶族的石牌制、侗族的会款制等。当地相继建立起政权组织，但是扎根于少数民族传统文化之中的伦理道德、生活习惯和行为模式仍然根深蒂固。国家法更多体现的是汉族这个人数最多的民族的文化，为了尊重少数民族的文化差异性、促进民族平等和团结，国家授权民族自治地方通过立法，对“本民族内部事务”进行管理。从这个意义上说，民族自治地方与一般地方立法权的授权目的和权限存在差异。

《民族区域自治法》序言继续采用了“本民族内部事务”的提法。在对自治区的地方性法规制定权和自治立法权的权限范围进行讨论时，学界往往会引用《民族区域自治法》序言中“本民族内部事务”这个标准。正如笔者前文所述，1952 年的《民族区域自治实施纲要》中“本民族内部事务”的提法存在特殊的历史背景，因此具有特定内涵，那么 1984 年《民族区域自治法》中“本民族内部事务”的内涵是否发生改变？对该问题的回答必须建立在与 1952 年相关规定进行比较的基础上。

一方面，从国家治理（中央与地方关系）的角度看，《民族区域自治实施纲要》规定管理“本民族内部事务”属于新中国成立初期《共同纲领》中“因地制宜”的国家治理原则的一部分，解决了新旧政权交接之际中央难以兼顾民族自治地方实际情况的问题；1984 年《民族区域自治法》规定的“本民族内部事务”，是在 1982 年《宪法》第 3 条第 4 款规定的原则下,①解决民族自治地方治理过程中的特殊性问题,避免中央权力在解决地方问题时的僵化和“一刀切”。《共同纲领》与1982年《宪法》虽然表述不同,但处理中央与地方关系的原则实质上是相同的。因此,从国家治理的角度,“本民族内部事务”的内涵没有发生实质变化。从某些单一民族的情况看,如果说在1952年还有一些少数民族还残留着旧政权和长期处于统治地位的“上层人士”,以致其还存在国家治理意义上的“本民族内部事务”。那么到1982年,上述情形已经完全消失。民族自治地方各民族团结共治,“本民族内部事务”已经变成当地各族人民的共同事务,这一点与其他非自治地方无异。

另一方面,从各少数民族文化的角度看,虽然多年来少数民族地区的民间秩序和传统习惯受到极大冲击,但是各少数民族有权保留自己的语言、文化和生活方式,民族文化的多样性将会长期存在。为了少数民族文化的保护和传承,实现实质意义上的民族平等,民族自治地方充分运用自治立法权,结合本地少数民族的实际情况,对“本民族内部事务”进行管理。从这个意义上说,与1952年相比,“本民族内部事务”的内涵并没有发生变化。民族自治地方与一般地方立法权的客体仍然存在差异。

综上所述,认为“本民族内部事务”是自治地方“主体民族”内部事务和当地所有民族的事务的观点,都不符合《民族区域自治法》的精神。对于认为继续提“本民族内部事务”是将国家意义上的“民族”概念与族群意义上的“民族”概念混淆的观点,笔者认为,文化意义上的“本民族内部事务”仍然存在,这也是我国进行民族识别的主要原因和依据,在此并非误用概念。因此,笔者赞成第一种观点,即“本民族内部事务”的“本民族”是指民族自治地方的聚居少数民族,“本民族内部事务”就是

---

① 1982年《宪法》第3条第4款规定,“……遵循在中央的统一领导下,充分发挥地方的主动性、积极性的原则”。

当地少数民族的内部事务。[①] 民族自治地方对“本民族内部事务”的立法权，是其他非自治地方所不具备的，无论其他非自治地方是否有少数民族居住。这是自治立法权与其他非自治地方的立法权在客体上存在的差异。

（二）民族自治地方的事务

《民族区域自治法》第三章规定了民族自治地方“自治权”的范围，可以作为自治立法权所涉的民族自治地方共同事务的规范依据。主要包括：第一，人事自治权，包括自治机关的人员组成、干部和专业技术人才的培养等；[②]第二，财政自治权，包括管理支配地方财政的自主权，就国家关于地方开支的规定可以制定补充规定和具体办法，在执行国家税法时可实行照顾和鼓励措施等；[③]第三，经济管理自治权，包括制定经济政策，管理、保护和优先合理开发本地自然资源，自主地安排地方基本建

① 参见潘红祥：《论民族自治地方自治立法权和地方立法权的科学界分》，载《法学评论》2019 年第 3 期。

② 《民族区域自治法》第 16 条、第 17 条规定，自治区主席、自治州州长、自治县县长、人大常委会主任或者副主任由实行区域自治的民族的公民担任。除实行区域自治的民族的代表外，其他居住在本行政区域内的民族在自治区人大也应当有适当名额的代表。人民政府的其他组成人员，也应当合理配备实行区域自治的民族和其他少数民族的人员。第 22 条规定，民族自治地方的自治机关采取各种措施从当地民族中大量培养各级干部、专业人才和技术工人，并且注意在少数民族妇女中培养各级干部和各种专业技术人才。民族自治地方的自治机关录用工作人员时对实行区域自治的民族和其他少数民族的人员应当给予适当的照顾。

③ 根据《民族区域自治法》第 32 条、第 33 条、第 34 条的规定，民族自治地方的自治机关有管理支配地方财政的自主权；财政机动预备费在预算中高于一般地区；民族自治地方的自治机关对国家关于地方开支的标准、定员、定额，可以制定补充规定和具体办法；民族自治地方的自治机关在执行国家税法时，除应由国家统一审批的减免税收项目以外，对属于地方财政收入的某些需要从税收上加以照顾和鼓励的，可以实行减税或者免税。

设项目等；①第四，社会管理自治权，包括自主地决定本地的医疗卫生事业发展，制定实行计划生育、流动人口的管理办法等；②第五，文化教育自治权，包括依法决定本地方的教育规划和具体措施，自主发展民族教育，培养少数民族人才，保护、整理民族文化遗产，发展、繁荣民族文化等。③

综合上述事项，足见民族自治地方自治立法权也涵盖了社会生活的方方面面，民族自治地方与其他非自治地方相比，在立法权所指向的客体上并无差别，但是在立法权限上存在差异，民族自治地方的自主性更大。

四、自治立法权客体所涉两方面事项之间的关系

只有对自治立法权客体所涉两方面事项进行区分，才能合理、充分地行使民族自治地方自治立法权。在2015年《立法法》修改之前，自治州、自治县的自治立法权因涵盖了所有的地方事务、无法体现特色而受

---

① 根据《民族区域自治法》第25条、第26条、第28条、第29条的规定，民族自治地方的自治机关在国家指导下，根据本地方的特点和需要，制定经济建设的方针、政策和计划，自主地安排和管理地方性的经济建设事业；民族自治地方的自治机关根据法律规定和区域经济特点，合理调整生产关系和经济结构，努力发展社会主义市场经济，管理和保护本地方的自然资源；民族自治地方的自治机关根据法律规定和国家统一规划，对可以由本地方开发的自然资源，优先合理开发利用；民族自治地方的自治机关根据本地方的财力、物力和其他具体条件，自主地安排地方基本建设项目。

② 根据《民族区域自治法》第40条、第43条、第44条的规定，民族自治地方的自治机关可以自主地决定本地方的医疗卫生事业的发展规划，发展现代医药和民族传统医药，加强对传染病、地方病的预防控制工作和妇幼卫生保健，改善医疗卫生条件；民族自治地方的自治机关可以结合本地方的实际情况，制定实行计划生育的办法，制定管理流动人口的办法。

③ 根据《民族区域自治法》第36条、第37条、第38条的规定，自治机关可以根据国家的教育方针，依照法律规定，决定本地方的教育规划，各级各类学校的设置、学制、办学形式、教学内容、教学用语和招生办法。自主地发展民族教育，扫除文盲，举办各类学校，普及九年义务教育，采取多种形式发展普通高级中等教育和中等职业技术教育，根据条件和需要发展高等教育，培养各少数民族专业人才，保护和整理民族的文化遗产，发展和繁荣民族文化。

到诟病。[①] 也有学者对“本民族内部事务”和本地方的公共事务能否进行区分存疑，认为在民族杂居的背景下，“本民族内部事务”具有明显的公共性，[②]笔者认为，自治立法权涵盖所有地方事务，从立法权限范围上看不存在问题，无法体现特色，是因为没有体现出少数民族管理“本民族内部事务”的权利。民族自治地方是民族自治与区域自治的结合，用公共资源支持少数民族管理“本民族内部事务”，不会导致“本民族内部事务”变成本地方所有民族的公共事务，进而消解理论上对“本民族内部事务”与本地方公共事务的区分。

（一）“本民族内部事务”的主体以民族身份作为识别标准

“本民族内部事务”是以民族因素作为区分标准的事务，其主体是以民族身份作为识别标准并得到法律认可的公民群体。[③] 在多民族国家，对民族身份的认可主要是基于民族平等和对文化多样性的尊重。文化多样性对于人类的重要性不言而喻。[④] 基于群体文化特征的差别对待，常常表现为对某些群体提供经济、社会、政治等方面的便利。在我国民

---

① 参见吉雅：《民族区域自治地方自治立法研究》，法律出版社 2010 年版，第 97 页。

② “因为语言文字的使用和发展、风俗习惯的保持和改革都离不开经济、教育、文化等公共资源的支持，而这些公共资源是各民族共同拥有的，如何分配和使用，应由有关民族共同决定。”参见田钒平：《民族区域自治的实质内涵辨析》，载《贵州社会科学》2014 年第 9 期。

③ “民族的身份在其内部的形成是基于民族认同，而在其被纳入一个更大的共同体，并且必须进行社会外部交往时，民族身份是指民族需要获得的‘社会地位’。而当这个外部的、更大的共同体是政治共同体时，民族就需要获得‘政治身份’，或曰政治地位；且这种政治身份需要法律的规约，以明确其与政治共同体的关系，以及双方的边界、权利、义务，民族因此而获得法律身份。”参见马俊毅：《论现代多民族国家建构中民族身份的形成》，载《民族研究》2014 年第 4 期。

④ 正如《世界文化多样性宣言》第 1 条指出的，“如同生物多样性的重要之于自然生态。文化多样性是交流、革新和创作的源泉，对人类来讲就像生物多样性对维持生态平衡那样必不可少”。

族自治地方,少数民族管理本民族内部事务的权利,就是这种便利的体现。①

(二)本地方公共事务的主体以公民身份作为识别标准

本地方的公共事务的主体是一定地域范围内的公民群体,是以区域因素作为区分标准的。基于公民身份与民族身份进行的权利、权力配置存在差异。② 只要是奉行法治的国家,宪法和法律对于共同体的整合就具有重要意义。地方立法,就是在国家法律的框架之下对本区域内全体公民的利益进行的整合。

(三)本地方公共事务不能完全吸收“本民族内部事务”

从文义上说,本地方的公共事务可以涵盖民族自治地方的一切事务,因此必然会产生本地方公共事务吸收“本民族内部事务”的主张。公正的方式不是形式上的平等或“一视同仁”,而是要保证少数民族也有机会维持自己作为独特文化而存在。

中国是一个统一的多民族国家,在一体与多元、共同性与差异性的问题上,党的民族工作秉持着一贯的原则。习近平总书记在 2021 年 8 月 27 日中央民族工作会议上指出:“要正确把握共同性和差异性的关系,增进共同性、尊重和包容差异性是民族工作的重要原则。”③因此,立

---

① 需要强调的是,对于少数民族的权利诉求,其越是与本民族文化特征联系紧密,如涉及本民族的语言、文化、宗教等,通过身份识别来建立差别保护机制的必要性就越大,对于其他与本民族文化特征不直接相关的权利诉求,则可通过普遍意义的公民或弱势群体的保护机制来实现,无须依据少数民族身份进行差别对待,以此防止基于少数民族身份的差别对待而在国家这个统一的政治共同体内造成长久的、固化的隔离与分裂。

② 公民认同“并不在于种族——文化的共同性,而在于公民积极地运用其民主的参与权利和交往权利的实践。这里,公民身份的共和主义成分,与对一个前政治性的通过血缘、共同传统和共同语言而整合的共同体的归属性,完全分离开来了”。参见[德]哈贝马斯:《在事实与规范之间:关于法律和民主法治国的商谈理论》(修订译本),童世骏译,生活·读书·新知三联书店 2014 年版,第 656 页。

③ 习近平:《论坚持人民当家作主》,中央文献出版社 2021 年版,第 328 页。

法保障民族自治地方公民管理本地方公共事务的权利，与立法保障少数民族管理本民族内部事务的权利并不矛盾，两者辩证统一。而且，在统一的多民族国家，在维护共同体的安全与秩序的同时，还要以公共资金支持民族自治地方少数民族管理“本民族内部事务”，增进的不仅是获得支持的少数民族的利益，同时也有助于民族平等与文化多样性的传承，有助于形成平等团结互助和谐的民族关系，从而增进整个共同体的利益。综上所述，在维护共同体统一、安全、秩序的同时充分保护少数民族的权利，是当前民族自治地方立法权的重要使命。

五、自治立法权及其与地方性法规制定权的关系

如前所述，民族自治地方的自治立法权因自治地方人大的自治机关地位而获得。① 从 1982 年《宪法》、1986 年《地方组织法》、2015 年和 2023 年《立法法》的修改过程可以看出，自治区人大及其常委会具有地方性法规制定权，是因为其法律地位与省、直辖市一样，自治州人大及其常委会获得地方性法规制定权，也是因其法律地位等同于设区的市的地方国家权力机关。因此，民族自治地方人大及其常委会获得地方性法规制定权是基于自治地方的区域因素，而不是民族因素。民族自治地方的自治立法权则既包含了区域因素，又包含了民族因素。

（一）民族自治地方自治立法权与地方性法规制定权的区分

民族自治地方自治立法权与地方性法规制定权的权限划分问题，在自治区层面早已存在，但是五大自治区几乎没有行使过自治立法权，因此两种立法权的界限问题没有引起重视。2015 年《立法法》修改后授权自治州制定地方性法规，自治州对地方性法规制定权的选择偏好，在一定程度上导致了自治立法权的萎缩，才引发了学界对两种立法权权限划分问题的关注。综合目前对两种立法权权限划分的讨论，除前文所述以

---

① 《宪法》第 116 条规定，民族自治地方的人民代表大会有权依照当地民族的政治、经济和文化的特点，制定自治条例和单行条例。

"本民族内部事务"作为自治立法权与地方性法规制定权的区分标准的观点,①以及无须区分两种立法权的观点之外,②还有学者认为自治州获得地方性法规制定权后自治立法权在适用范围上出现萎缩,恰恰是"《立法法》对自治州单行条例长期以来越位立法问题的拨乱反正"③。笔者认为,"本民族内部事务"只是自治立法权的部分客体,无法作为自治立法权与地方性法规制定权的区分标准;认为自治州单行条例长期以来越位立法的观点,也将自治立法权的客体等同于"本民族内部事务",从而认定单行条例规定"本民族内部事务"以外的事项就是"越位立法"。至于将民族自治地方自治立法权、立法选择权都视为"优惠照顾"措施的观点,一方面,其忽略了少数民族本身的独特性与文化的多样性,"优惠照顾"措施是对社会经济地位处于弱势的群体或区域进行照顾,具有暂时性和针对性,一旦这种不利地位改变,就应当取消"优惠照顾"措施。但是,文化多样性是人类社会持续追求的目标,少数民族的文化多样性是长期存在的现象,不能将对少数民族文化多样性的保护措施与优惠照顾措施混淆。另一方面,其忽略了两种立法权的不同属性。从《宪法》和相关法律看,民族自治地方自治立法权和地方性法规制定权的主体、客体及权限范围均存在差异,虽然存在部分重叠的地方,但是不能随意相互替代。

首先,从主体上看,民族自治地方的人民代表大会是行使民族自治地方自治立法权的主体,而行使地方性法规制定权的主体是自治区和自治州的人大及其常委会。民族自治地方人大常委会在自治立法中发挥着重要作用,如在启动自治立法之前制定立法规划,在自治立法过程中

---

① 参见潘红祥:《论民族自治地方自治立法权和地方立法权的科学界分》,载《法学评论》2019 年第 3 期。

② 参见沈寿文:《民族区域自治立法权与一般地方立法权的关系——以"优惠照顾理论"范式为视角》,载《广西民族研究》2016 年第 3 期。

③ 郑毅:《〈立法法〉修改后自治州一般地方立法权与自治立法权关系研究》,载《法学评论》2018 年第 4 期。

启动立法工作、提出议案，在自治立法颁布后负责解释等。[①] 但是，从《宪法》层面并没有明确民族自治地方人大常委会的自治机关地位，因此其不能行使自治立法权。因此，从立法主体上看，自治区、自治州人大既可以制定自治法规，也可以制定地方性法规；而自治区、自治州的人大常委会可以制定地方性法规；对于自治县则只有人大有权制定自治法规，人大常委会没有立法权。

其次，从客体上看，民族自治地方少数民族的"本民族内部事务"和本地方公共事务是自治立法权的客体，地方性法规制定权的客体则是本地方公共事务。自治立法权所针对的本地的公共事务，包括民族自治地方各族人民的一切公共事务。地方性法规所针对的本地方公共事务，对自治区来说，也是指本地方各族人民的一切公共事务，但是对自治州而言，只包括在城乡建设与管理、生态文明建设、历史文化保护、基层治理等方面的公共事务。因此，两种立法权的客体虽有部分重叠，但是范围并不相同。当然，自治区层面的自治立法权所涉的本地方公共事务与其地方性法规制定权所涉的本地方公共事务，在范围上确有重叠性。

最后，从权限上看，自治立法权与地方性法规制定权的权限不同。地方性法规制定权体现的是宪法规定的"遵循在中央的统一领导下，充分发挥地方的主动性、积极性的原则"，主要是为了保证地方更有效地管理本行政区域内的各种事务。自治条例和单行条例制定权，体现了宪法规定的"各民族一律平等"的原则，除促进地方治理之外，还要保障民族区域自治制度的实施。自治立法具有"变通权"，而且相比之下，自治立

① 实践中自治立法的解释权大多由自治地方人大常委会行使。例如《恩施土家族苗族自治州自治条例》第 76 条规定，"本条例由自治州人民代表大会常务委员会负责解释"。《长阳土家族自治县自治条例》第 67 条第 1 款规定，"本条例由自治县人民代表大会常务委员会负责解释"。

法的“变通权”比地方性法规的“先行先试”权要大得多。[①] 因此,即使是自治州的自治立法权与地方性法规制定权中的本地方公共事务有部分重叠、自治区层面的自治立法权与其地方性法规制定权所涉的本地方公共事务有重叠,二者在立法权限上也存在差异。

(二)对两种立法权关系的评述

如前所述,区分民族自治地方自治立法权与地方性法规制定权,必须结合立法主体、客体和权限几个要素。针对学界就民族自治地方自治立法权与地方性法规制定权的区分提出的“优惠照顾”理论、“变通权”论和“本民族内部事务”论,也可以结合上述要素进行评判。

第一,将民族自治地方自治立法权和立法选择权都视为“优惠照顾”措施的观点,[②]从实质平等的角度看待自治地方的立法权,但忽略了少数民族是原初意义上的自治权主体,以及原初意义上的自治权转化为规范意义上的自治权后宪法和法律对少数民族文化多样性的保护。

第二,“变通权”论注意到了两种立法权的权限差异,[③]但忽略了其客体上的差异。自治立法权的客体既包括民族自治地方的公共事务,也

---

① 根据《宪法》第 115 条、《民族区域自治法》第 20 条的规定,上级国家机关的决议、决定、命令和指示,如有不适合民族自治地方实际情况的,自治机关可以报经该上级国家机关批准,变通执行或者停止执行。虽然《立法法》第 82 条第 2 款规定,省、自治区、直辖市和设区的市、自治州根据本地方的具体情况和实际需要,可以先制定地方性法规。但是同时也对地方立法这种“先行先试”权作出了限制,要求“在国家制定的法律或者行政法规生效后,地方性法规同法律或者行政法规相抵触的规定无效,制定机关应当及时予以修改或者废止”。可见,地方性法规应在法律规定的权限范围内,根据本行政区域的具体情况和实际需要,遵循不同宪法、法律和行政法规相抵触的原则制定。自治条例和单行条例的制定原则只有一条,即依照当地民族的政治、经济和文化的特点。根据这一原则,自治条例和单行条例在权限范围内可以对法律和行政法规予以变通,只是依据《立法法》第 85 条的规定不能与法律、行政法规的基本原则相抵触而已。参见冉艳辉:《民族自治地方立法权的合理配置探析》,载《学术交流》2017 年第 2 期。

② 参见沈寿文:《民族区域自治立法权与一般地方立法权的关系——以“优惠照顾理论”范式为视角》,载《广西民族研究》2016 年第 3 期。

③ 参见雷伟红:《论民族自治地方自治法规立法权与地方性法规立法权的协调》,载《中南民族大学学报(人文社会科学版)》2018 年第 4 期。

包括当地少数民族的“本民族内部事务”，在涉及“本民族内部事务”时，无论是否需要行使“变通权”，都应当选择自治立法权。

第三，“本民族内部事务”论充分论证了自治地方少数民族的“本民族内部事务”应当行使自治立法权，[①]但如本书所述，“本民族内部事务”只是自治立法权的部分客体，无法作为彻底区分自治立法权与地方性法规制定权的标准。认为自治州单行条例长期以来越位立法，自治州获得地方性法规制定权后自治立法权在适用范围上出现萎缩恰恰是对该现象“拨乱反正”的观点，[②]也是将自治立法权的客体等同于“本民族内部事务”，认为单行条例规定“本民族内部事务”以外的事项就是“越位立法”。

综上所述，目前的观点大多未能全面认识两种立法权的属性。民族自治地方自治立法权与地方性法规制定权虽然在主体、客体以及权限上可能存在不同程度的重叠，但是同时结合主体、客体以及权限三要素，完全可以对这两种立法权进行区分，从而促进两种立法权的合理配置与规范运行，在铸牢中华民族共同体意识、维护国家法治统一的前提下，实现民族自治地方立法权的良性发展。

① 参见潘红祥：《论民族自治地方自治立法权和地方立法权的科学界分》，载《法学评论》2019 年第 3 期。

② 参见郑毅：《〈立法法〉修改后自治州一般地方立法权与自治立法权关系研究》，载《法学评论》2018 年第 4 期。

第五章 立法权扩容后地方立法权的合理配置与规范运行

地方立法权扩容，对地方立法来说，既是机遇，也是挑战。极大地推动了地方的法治建设，为地方立法机制改革提供了契机。如何在单一制国家结构形式下，在充分发扬代议制民主精神、切实维护国家法治统一的前提下，在“科学立法、民主立法、依法立法”的指导思想下，实现地方立法权的合理配置与规范运行，是新时代地方立法研究的重要命题。

第一节 地方人大及其常委会立法权的合理配置与规范行使

地方人大及其常委会立法权的配置问题，既包括地方人大与其常委会之间立法权的配置，还涉及自治立法权与地方性法规制定权的配置问题，因此,本节重点以民族自治地方为例,对地方人大及其常委会之间立法权的配置提出建议。

一、建立自治立法权与地方性法规制定权划分机制

地方立法权扩容后,民族自治地方的自治区、自治州、自治县人大享有制定自治条例、单行条例的权力,民族自治地方的自治区、自治州人大及其常委会享有制定地方性法规的权力。在对自治立法权与地方性法规制定权的基本属性与构成要素、民族自治地方人大及其常委会的基本特征与组成原理进行探讨后,本节将对民族自治地方人大及其常委会立法权的合理配置与规范运行提出建议。

从理论上说,民族自治地方人大的自治立法权与人大及其常委会的地方性法规制定权之间存在明确的差异;在立法实践中,两种立法权的划分也应当遵循合理的区分标准、规范的方式或程序。

(一)自治立法权与地方性法规制定权的划分标准

如前文所述,民族自治地方的自治立法权与地方性法规制定权在主体、客体及权限上存在差异,也在不同程度上存在重叠。例如,实践中民族自治地方的人大既是自治立法权主体,也是地方性法规制定权主体。因此,仅仅通过其中一个要素或者两个要素难以区分两种立法权,需要结合立法实践,将三个要素结合起来。

第一,自治区的立法,首先看所调整的事项是否涉及“本民族内部事务”,如果涉及,那就根据这个特殊的客体判断应当选择自治区人大进行自治立法。如果调整的事项是本地方公共事务,因为其既属于自治立法权的客体,也属于地方性法规制定权的客体,单从客体上无法作出判断,还得继续考察所需的立法权限。如果调整该事务只需要地方性法规的立法权限,那么既可以选择自治区的人大或其常委会制定地方性法规[①],也

---

① 民族自治地方的人民代表大会与其常委会的地方性法规制定权也应当有权限划分,本书已另行讨论。

可以选择自治区人大进行自治立法。如果需要变通立法,那就应当选择自治立法。

第二,自治州的立法,与自治区一样,如果调整事项涉及“本民族内部事务”,则应当选择自治州人大进行自治立法。如果涉及本地方公共事务,首先看是否属于城乡建设与管理、生态文明建设、历史文化保护、基层治理等方面的事项,如果超出上述事项范围,还是应当选择自治立法,如果属于上述事项范围,就继续考察所需的立法权限。如果只需要地方性法规的立法权限,那么既可以选择自治州人大或其常委会制定地方性法规,也可以选择自治立法。如果需要变通立法,那就应当选择自治立法。

第三,自治县目前只享有自治立法权,因此无论调整事项涉及“本民族内部事务”还是本地方公共事务都只能选择自治县人大的自治立法。如果未来地方立法权进一步扩容至自治县,则自治县也可以遵照上述思路合理选择立法权。

(二)民族自治地方自治立法权与地方性法规制定权划分程序

首先,有权对民族自治地方自治立法权与地方性法规制定权进行划分的主体是民族自治地方人民代表大会。根据《立法法》第 87 条,本级人民代表大会有权依据《地方组织法》、参照《立法法》第二章第二节、第三节、第五节的规定,对地方性法规案、自治条例和单行条例案的提出、审议和表决程序作出规定。该条规定除不包括地方性法规的解释问题外,也没有包括民族自治地方立法权限(立法权限规定在《立法法》第二章第一节)的问题。因此,有学者对本级人大进行立法权限划分的合法性存在质疑。[1] 笔者认为,地方性法规权限范围的划分与解释不同,地方性法规的解释在《地方组织法》中没有涉及,地方人大及其常委会的解

---

① 参见宋方青等:《我国地方立法权配置的理论与实践研究》,法律出版社 2018 年版,第 257 页。

释必须得到全国人大及其常委会的专门授权才有合法性；而地方立法的权限范围在《地方组织法》中能找到依据。① 对于民族自治地方来说，自治立法权与地方性法规制定权的合理划分，关乎民族自治地方自治权与立法权的合理行使，当然属于当地的重大事项，属于本级人民代表大会有权决定的事项。

其次，应当在立法条例中对民族自治地方的自治立法权与地方性法规制定权的划分作出规定。纵观各民族自治地方的立法条例，对自治立法权和地方性法规制定权权限的规定几乎都是照搬《民族区域自治法》与《立法法》的相关条款。对于自治立法权权限的规定，几乎都是采用如下模式：先规定“依照本地民族的政治、经济和文化特点”这个自治立法一般性原则，再对变通权作出限制。② 对于地方性法规制定权权限的规定，民族自治地方一般会首先规定法定权限范围：本地具体情况及实际需要、不与上位法相抵触以及法定的事项范围。在上述范围内，再进一步规定地方性法规可以规定的事项，各民族自治地方的相关规定大同小异。③ 在民族自治地方的立法条例中，通常采用“实际情况”“地方性事务”“具体情况和实际”等比较含糊的规定，这并不足以成为划分民族自治地方自治立法权与地方性法规制定权的依据。因此，建议在立法条例

---

① 《地方组织法》第 11 条第 3 项规定，县级以上的地方各级人民代表大会有权讨论、决定本行政区域内的政治、经济、教育、科学、文化、卫生、生态环境保护、自然资源、城乡建设、民政、社会保障、民族等工作的重大事项和项目。

② 例如，规定变通权不得违背法律或者行政法规的基本原则，不得对宪法和民族区域自治法的规定作出变通，不得对其他有关法律、行政法规专门就民族自治地方所作的规定作出变通。参见《恩施土家族苗族自治州人民代表大会及其常务委员会立法条例》第 3 条、《黔南布依族苗族自治州立法条例》第 4 条等。

③ 例如《恩施土家族苗族自治州人民代表大会及其常务委员会立法条例》规定了两项：一是为执行法律、行政法规的规定，需要根据本州实际情况作出具体规定的事项；二是属于地方性事务需要制定地方性法规的事项。根据《黔南布依族苗族自治州立法条例》，还包括除《立法法》第 8 条（现为第 11 条）规定的事项外，国家尚未制定法律、行政法规，省尚未制定地方性法规的，根据自治州的具体情况和实际，需要先行制定地方性法规的其他事项。

中增加规定："属于本地少数民族内部事务的事项，或者需要实行变通立法的事项，采用自治条例或者单行条例立法；其他属于本地公共事务的事项，可以采用自治条例、单行条例或者地方性法规立法。"

最后，应当建立民族自治地方自治立法权与地方性法规制定权选择的争议解决程序。当前民族自治地方对自治立法权与地方性法规制定权的选择比较随意，正如本书第二章第三节所述恩施州与湘西州同步协作制定两州《酉水河保护条例》的过程，从两个自治州立法权的选择及结果上看，恩施州在2016年年初选择以地方性法规立法，在一年之内完成审议，而湘西州在2016年年底选择以单行条例立法，刚好赶上自治州人大一年一度的审议，两者都以最便捷的方式完成了立法，①上述选择的标准都是"便捷"。当然，《酉水河保护条例》所调整的流域环境保护，属于民族自治地方的公共事务，如果没有涉及立法变通，则采用单行条例或是地方性法规立法都不存在问题。如果涉及两个自治州"本民族内部事务"，则应当采用单行条例立法。在立法实践中，应当允许立法参与主体对所采用的立法权类型提出异议，并且由民族自治地方人大常委会作出答复。

二、完善地方人大及其常委会立法权限划分机制

地方人大与其常委会之间的立法权限划分，涉及两方面的问题：一是在自治立法过程中民族自治地方人大与其常委会的权限划分；二是在地方性法规制定过程中的权限划分。

（一）自治立法中民族自治地方人大与其常委会权限划分的合法化

前文已从理论上论述了授予民族自治地方人大常委会自治立法主体资格的正当性问题，在立法实践中，民族自治地方人大常委会与其他地方人大常委会一样，也是掌握实权的机构，并不仅仅是一种工作机构。

① 参见戴小明、冉艳辉：《区域立法合作的有益探索与思考——基于〈酉水河保护条例〉的实证研究》，载《中共中央党校学报》2017年第2期。

由于人民代表大会每年只召开一次,人民代表大会闭会期间的权力都由人大常委会行使。授予人大常委会立法权在我国人民代表大会制度史上早已有之。例如,彭真同志早在1955年就提出"授权常委会(立法)是必要的"[①]。实践中,全国人大常委会也早就获得了全国人大相关决议关于制定、修改法律的授权,进一步扩大了立法权限。[②] 但是,由于各种因素影响,人大常委会经历了漫长曲折的产生和发展过程。[③]《地方组织法》就授予了省、自治区、直辖市的人大及其常委会地方性法规制定权。

尽管一直没有法定授权,但在民族自治地方的人民代表大会闭会期间,人大的自治权包括自治立法的大部分工作实际上也是由人大常委会在代行。例如,《恩施土家族苗族自治州人民代表大会及其常务委员会立法条例》第8条规定,立法规划及立法计划由人大常委会编制;第44条第1款规定,自治条例、单行条例由自治州人大常委会进行解释,第2款甚至还规定"常务委员会的法规解释同法规具有同等效力"。如果认可第44条第2款的合法性,即自治州人大常委会对自治法规的解释,同自治州人大制定的自治法规本身具有同等的效力,那么实质上就是在变相授予自治州人大常委会自治立法权。从《民族区域自治法》《立法法》

---

① 《彭真传》编写组:《彭真传》(第2卷),中央文献出版社2012年版,第844~845页。

② 例如,1955年《中华人民共和国第一届全国人民代表大会第二次会议关于授权常务委员会制定单行法规的决议》就已指出,"在全国人民代表大会闭会期间,有些部分性质的法律,不可避免地急需常务委员会通过施行"。参见《人民日报》1955年7月31日,第2版。1959年通过的《中华人民共和国第二届全国人民代表大会第一次会议关于全国人民代表大会常务委员会工作报告的决议》指出,"为了适应社会主义改造和社会主义建设事业发展的需要,大会授权常务委员会,在全国人民代表大会闭会期间,根据情况的发展和工作的需要,对现行法律中一些已经不适用的条文,适时地加以修改,作出新的规定"。参见《人民日报》1959年4月29日,第2版。

③ 直到1979年下半年,"66个县、自治县、不设区的市和市辖区进行了直接选举的试点工作,第一批共66个县级人大常委会产生"。参见万其刚:《我国人民代表大会制度的形成与发展》,载《当代中国史研究》2005年第1期。

确立的民族自治地方立法机制上看，人大常委会在自治立法与地方性法规制定过程中发挥着相似的作用，但是，人大常委会有地方性法规制定权，却没有自治立法权。上述情形，从一定程度上说明了自治立法权相关规范与立法实践存在脱节。

因此，本书认为，未来改革自治立法机制至少需要认真考虑两个问题：一是修改《宪法》《民族区域自治法》中关于自治机关的规定，授予人大常委会自治权包括自治立法权；二是将自治立法实践中民族自治地方人大及其常委会之间的权限划分合法化，在民族自治地方立法条例中明确规定人大常委会在制定、解释、修改自治法规方面的具体权限。

（二）完善地方人大及其常委会地方性法规制定权权限划分机制

与自治立法权不同，地方人大及其常委会的地方性法规制定权是同一性质的立法权。实践中，一般地方人大及其常委会在立法事项上的分工比较灵活。[①] 根据各地的立法条例，有学者总结为以下模式：第一，缺省模式，即对当地人大及其常委会的立法权限不作规定；第二，混同模式，对二者立法权限作出了规定但并不进行区分；第三，概括模式，对人大立法事项的专享范围作概括性规定；第四，列举模式，对人大立法事项的专享范围进行列举；第五，概括加程序模式，在对人大立法事项的专享范围作概括性规定的基础上，对特别重大事项的认定程序进行规定；第六，列举加程序性规定，在对人大立法事项的专项范围作列举性规定的基础上，规定对特别重大事项的认定程序。[②] 无论采用上述哪种模式，都需要有上位法依据和可操作性。

具体到民族自治地方，首先，全国人大常委会可以通过对《民族区域自治法》《立法法》等相关法律的解释，对民族自治地方的自治立法权、

---

① 参见肖巧平：《地方人大与其常委会立法权限划分研究》，法律出版社 2015 年版，第 190 页。

② 参见宋方青等：《我国地方立法权配置的理论与实践研究》，法律出版社 2018 年版，第 246～250 页。

地方性法规制定权、人大及其常委会之间的立法权权限的划分进一步明确化。

其次,省级人大常委会在与民族自治地方进行立法工作的指导与沟通过程中、对民族自治地方的地方性法规进行合法性审查过程中,如果认为民族自治地方采取的立法方式不适当,可以提出建议。这个过程不仅仅针对报送审查的法规案,还针对民族自治地方报送省级人大常委会备案的立法规划、立法计划等。

最后,民族自治地方人大要积极作为,高度重视合理配置人大与其常委会之间立法权的问题,在自治地方立法条例中对具有操作性的立法权权限划分标准或程序作出规定。目前,有些自治地方对人大的立法权进行了规定,①但是相关规定中包含的“特别重大事项”、“职权范围内的事项”和“认为应当由其制定地方性法规的事项”的含义,都还需要在实践中进一步明确。因此,在民族自治地方立法条例中,除规定划分标准之外,还应当对上述标准的认定程序作出规定。

第二节　地方立法审查与责任承担机制的完善

各地的地方性法规、自治条例、单行条例起草、审议通过后,要报上级国家机关审查批准。自治条例和单行条例在报请上级人大常委会审查批准之前,还要报上级人民政府审查;地方性法规则直接报请上级人大常委会审查批准。立法权扩容后,地方立法数量剧增,与上级国家机关在立法审查过程中的争议也凸显出来,建立规范的权限划分与争议解

---

①　以规定比较详细的《黔南布依族苗族自治州立法条例》为例,其第5条第2款规定以下三方面事项由自治州人民代表大会立法:一是涉及本行政区域内特别重大事项;二是自治州人民代表大会职权范围内的事项;三是自治州人民代表大会认为应当由其制定地方性法规的事项。

决机制十分必要。

一、完善自治立法争议解决机制

（一）争议的主要类型

根据我国的民族区域自治制度，对于民族自治地方的自治权的保障包括两方面：一是民族自治地方充分行使自治权，上级国家机关不能不当干预；二是上级国家机关积极采取措施，帮助民族自治地方实现自治权，《宪法》《民族区域自治法》也因此规定了上级国家机关对民族自治地方的扶助义务。

因此，实践中，自治地方与上级国家机关在自治立法过程中的争议也主要产生于上述两方面：第一，上级国家机关不当干预民族自治地方自治权的行使；第二，上级国家机关的帮扶措施没有得到落实。同时，民族自治地方对自治权属性认识不到位，也会导致自治立法出现问题：第一，将自治立法变成向上级国家机关讨要优惠政策的工具，甚至直接在自治立法中规定属于上级国家机关权力范围的事项；①第二，怠于行使自治立法权，以制定地方性法规代替自治立法，或者自治立法大量照搬上位法或其他省市的类似规定，毫无地方特色。②

（二）争议解决机制的建立和完善

目前，对于自治立法过程中产生的争议缺乏有效的解决机制。作为自治立法变通权限制的“法律或者行政法规的基本原则”或“专门规定”的内涵十分模糊，不利于解决自治立法过程中出现的具体争议，需要进一步完善《立法法》中的实体性争议解决标准，同时建立争议解决机制。

---

① 例如《阿坝藏族羌族自治州自治条例》第29条第2款规定，“自治机关征收的新增建设用地的土地有偿使用费收入除上缴国家部分外全额留州，专项用于造地补偿和土地保护”；《陵水黎族自治县自治条例》第25条第5款规定，“自治机关依法应缴纳的新增建设用地土地有偿使用费，除上缴中央财政部分外，由自治县自主安排，专项用于耕地开发整理和土地资源的管理保护”。

② 参见黄元姗：《民族区域自治制度的发展与完善：自治州自治条例研究》，中国社会科学出版社2014年版，第74页。本书限于篇幅不再赘述。

当前立法对民族自治地方自治法规的监督机制作出了一些规定，例如，《立法法》第108条规定，全国人大有权撤销全国人大常委会批准的违反《宪法》和《立法法》第85条第2款规定的自治条例、单行条例；全国人大常委会有权撤销省级人大常委会批准的违反《宪法》和《立法法》第85条第2款规定的自治条例、单行条例。但是，目前对上级国家机关不当干预自治立法缺乏监督机制。根据《民族区域自治法》第19条、第20条的规定，自治州、自治县的自治立法要报省级人大常委会批准并报全国人大常委会和国务院备案，上级国家机关接到申请后应当在60日内给予答复。如果上级国家机关在自治立法报批之前就不当干预、对报批的自治立法不批准或者不予答复，或者自治州、自治县对省级人大常委会在批准时提出的附加修改条件存在异议，则应当有寻求救济或解决争议的机制。

对于民族自治地方与上级国家机关在自治立法过程中的争议，有学者主张由上级人大常委会牵头、上级人民政府参与、自治地方负责完善的"三位一体的联动机制"来解决。① 本书认为这一观点对于建立自治立法过程中的争议解决机制具有指导意义。例如，在当前的自治立法机制中，上级人民政府审查这个"工作程序"并无法律依据，而法定的上级人大常委会的审查批准程序反而流于形式，民族自治地方自治立法周期长、受到的干预多、缺乏争议解决机制，在一定程度上导致民族自治地方偏向于选择地方性法规制定权立法，造成自治立法权的虚置。上述"三位一体的联动机制"的设想，正视了民族自治地方与上级国家机关"共有立法权"这个现状，能够促进各方在立法过程中的利益博弈规范进行，减少自治立法权或者上级国家机关利益遭到侵害的可能性。但从长远看，

---

① 原因在于，"从'报请批准'对法律生效的直接后果而言，自治区制定自治条例的立法权更应是一种中央与地方的'共有立法权'（自治州、自治县的立法权通过省级权力机关的批准而代表中央政府行使监督权，从而形成共有立法形式）"。参见彭建军：《自治区自治条例所涉自治立法权问题研究》，载《民族研究》2015年第2期。

还是要完善自治立法的审查批准程序，规范“工作程序”，让有权机关依法进行自治立法的审查批准。

二、完善地方性法规审批机制

省级人大常委会对设区的市、自治州地方性法规的审查批准权属于立法监督权，在权力主体、客体、内容等方面区别于立法权。在实践中，省级人大常委会要充分认识对设区的市、自治州地方性法规的审查批准权的构成要件，合理运用审查批准权或者业务指导方式，实现对地方性法规的审查和监督。

（一）地方性法规审查批准权的主体

根据《宪法》和相关法律规定，对设区的市、自治州地方性法规的审查批准权，由省级人大常委会行使。那么在实践中，谁可以代表省级人大常委会？根据我国的人民代表大会制度，省级人大常委会由省级人大选举的代表组成。从组织机构上看，省级人大常委会由主任、副主任、秘书长和委员若干人组成；从会议制度上看，有主任会议和常委会会议。人大常委会还设有办公厅、法制工作委员会等工作机构。地方性法规审查批准权的行使主体为“省级人大常委会”，实质上就是通过省级人大常委会会议行使权力，相关决定应当在省级人大常委会会议上讨论，并以“省级人大常委会”的名义作出。实践中，由于省级人大常委会召开会议的时间有限，大量事务性工作又是法制工作委员会等工作机构在做，常常出现省级人大常委会工作机构“代行”省级人大常委会权力的情形。如果上述情形是审查批准的前置环节，并且对设区的市、自治州具有强制约束力，那么在权力主体资格上就存在问题。如果只是一种业务指导或工作联系，那就不存在问题。

（二）省级人大常委会地方性法规审查批准权的客体

根据《宪法》和相关法律，省级人大常委会审查批准权的客体是报请批准的地方性法规。但在实践中，根据各省级人大常委会的要求，“报请批准的地方性法规”不仅包括地方性法规文本，还包括与地方性法规相关的立法事实。一般说来，报送省级人大常委会审批的文件包括法规文本、起草说明、对照表、有关法律法规和规范性文件或其他材料。例如，湖北省人大常委会要求同时报送课题研究报告和立法调研报告。法规文本和起草说明包含在报批的请示中，对照表、相关法律规范、课题研究报告、立法调研报告等作为立法参阅件，属于与地方性法规相关的立法事实，体现出立法者对法规内容进行了哪些调查研究。从理论上说，省级人大常委会对待立法文本和立法事实应当采取不同的态度。① 对立法文本的审查有法定的标准，对立法事实的审查却很难有确定性标准，因此，省级人大常委会审查批准权的客体是立法文本，对立法事实的掌握和要求，通过业务指导或工作联系的方式进行更为合适。

（三）省级人大常委会地方性法规审查批准权的内容

省级人大常委会地方性法规审查批准权的内容，包括审查程序、审查标准、相关法律责任等，核心问题在于审查标准。《宪法》和《立法法》规定省级人大常委会对地方性法规的合法性进行审查，认为与上位法不抵触的，应当在4个月内予以批准。但在实践中，省级人大常委会的审查批准权却延伸到了设区的市、自治州地方性法规的立项、审议、报批全过程，必须结合法定的审查批准权界限予以矫正。

首先，对地方性法规立项阶段的立法规划和立法计划应当采用业务指导方式。立项阶段涉及地方性法规立法权限的问题，如能及时发现问题，可以尽早改正、节约立法成本。但依据法律规定，省级人大常委会的地方性法规审批权从报批之时开始行使，因此该阶段采用业务指导的方式更为合适。对立法规划和立法计划的指导，要注意方式，不能直接以

① 正如学者所指出的，“一是在事实审查上要审查多宽，这取决于不同的环境，尤其是立法者的时间压力和立法对基本权利干预的深度和宽度。二是并非每一种事实错误或者事实不足都会导致立法的无效，更多取决于立法者独立调查的事实能否正当化立法的规定”。参见王锴：《合宪性、合法性、适当性审查的区别与联系》，载《中国法学》2019年第1期。

省级人大常委会的意见取代设区的市、自治州的意见。对立法计划的指导应限于合法性问题，当前一些省级人大常委会规定审查立法计划的必要性、可行性和特色性，就有过度干涉设区的市、自治州立法权的嫌疑。毕竟，立法应当从当地实际出发，而省级人大常委会并不一定比设区的市、自治州更了解当地的立法需求。

其次，对处于审议阶段的地方性法规案应当采用业务指导方式。地方性法规草案在报送省级人大常委会审查批准前，在设区的市、自治州人大常委会要经过三次审议，再表决通过。在审议期间，地方性法规案会报送省级人大常委会相关工作部门征求意见。按照《宪法》和《立法法》对省级人大常委会审查批准权的规定，此阶段应当尊重设区的市、自治州的地方性法规制定权，如果发现问题，应当采用业务指导的方式进行沟通。①

再次，对处于报批阶段的地方性法规案，按照《宪法》《立法法》的规定，由省级人大常委会进行合法性审查，“合法性”标准还包括“与上位法不抵触”。但如前所述，《立法法》第 107 条和第 108 条规定的备案审查标准，不仅包括合法性，还包括适当性。在备案审查机制的“倒逼”之下，各地省级人大常委会制定的事前审查标准实际上也包括了合法性和适当性，甚至还将各省市的政策要求、工作部署都规定了进去。合法性审查标准的不一致，是造成省级人大常委会不当行使审查批准权的重要原因。因此，对于省级人大常委会对设区的市、自治州地方性法规的合

① 有人主张“在正式报批阶段，审查标准适度从宽；但在法规草案提前报送省级人大常委会法制工作机构征求意见阶段，审查标准则应当从严”。参见朱振进：《对较大市地方性法规审查批准的思考》，载《观察与思考》2012 年第 4 期。如果仅站在省级人大常委会监督权有效行使的角度，早期对法规案的严格控制的确有利于减轻审查批准时的工作量。但是这种观点忽视了立法权与立法监督权的界限，倒退回了 1986 年之前立法“拟订权与审议制定权”的权力配置思路，不符合现行法律对立法权的配置思路和立法实践的发展。

法性审查标准，应当予以明确。在具体方法上，可以结合有权部门的解释①和地方性法规备案审查的标准一并考虑。② 还需要指出的是，根据《立法法》的规定，合法性的标准事实上还包含了一定程度的适当性问题，适当性标准可以结合比例原则进行设计，即对公民权利和国家权力的配置明显违反比例原则的情形进行设计。③

目前，就省级人大常委会对地方性法规的合法性审查标准还没有出台权威的解释，各省市在实际工作中遇到的问题不尽相同，建议全国人大宪法和法律委员会出台合法性审查标准的指导意见，相关省级人大常委会根据《立法法》及指导意见，结合各省市的立法实际进一步细化。同时，全国人大常委会法工委也可以及时整理、公布审查批准或备案审查工作中发现的合法性问题的相关指导意见或典型案例，供省级人大常委会参照。

最后，立法机关承担责任有其特殊性，建议有权机关通过立法或权威解释，将省级人大常委会地方性法规审批权的法律责任予以明确，消

---

① 全国人大常委会法工委的解释可以作为参考，其认为，在地方性法规制定阶段，与上位法相抵触主要包括以下情况：第一，上位法有明确规定，与上位法相反的；第二，虽不与上位法相反，却旨在抵消上位法规定、搞“上有政策下有对策”的；第三，上位法无明确规定，与上位法立法目的和立法精神相反的；第四，违反《立法法》关于立法权限的规定的；第五，超出上位法关于行政处罚的种类与幅度、行政许可权限、行政强制措施种类规定的。参见全国人大常委会法制工作委员会国家法室编著：《中华人民共和国立法法释义》，法律出版社2015年版，第303页。

② 在地方性法规备案阶段，《立法法》第107条、第108条规定了备案机关的审查范围，即有权机关可以对地方性法规予以改变或者撤销的情形：第一，超越权限的；第二，下位法违反上位法规定的；第三，违背法定程序的；第四，不适当的。在上述情形中，前三点是合法性审查的范围，第四点涉及合理性问题。

③ 根据全国人大常委会法工委的解释，对于合理性审查，可以包括以下情形：第一，要求公民、法人和其他组织执行的标准或者遵守的措施明显脱离实际的；第二，要求公民、法人和其他组织履行义务与其所享有的权利明显不平衡的；第三，赋予国家机关的权力与要求其承担的义务明显不平衡的；第四，对某种行为的处罚与该行为所应承担的责任明显不平衡，违反比例原则的。参见全国人大常委会法制工作委员会国家法室编著：《中华人民共和国立法法释义》，法律出版社2015年版，第303～304页。

除其顾虑,使其合法行使审查批准权,合理运用各种方式对地方立法工作予以指导,同时也能为地方立法的特色和创新留下空间。

第三节　委托第三方参与立法机制的建立和完善

随着立法权向地方的不断下放,地方立法机关的立法能力日趋体现出不足,委托第三方参与立法已经成为地方立法的普遍现象。委托第三方参与地方立法的实践探索早在 20 世纪 80 年代就已经开始。① 首次提出探索委托第三方起草法律法规草案,是在 2014 年党的十八届四中全会通过的《中共中央关于全面推进依法治国若干重大问题的决定》中。2015 年修正的《立法法》第一次明确规定可以委托有关专家、教学科研单位、社会组织起草专业性较强的法律草案。自此,委托第三方参与立法的实践开始进入制度化、规范化的轨道。第三方参与立法,实践中包括高等院校、科研院所和其他社会组织参与立法前评估、法规草案起草、立法后的评估等活动,本节主要讨论地方立法机关委托第三方起草法规草案的过程。

一、对委托第三方参与立法的相关认识

与蓬勃发展的地方立法实践相比,委托第三方参与地方立法的理论研究相对滞后。目前的研究主要包括委托第三方参与立法的理论基础,第三方参与立法与公众参与立法之间的关系,第三方参与立法的过程控制、法律责任等问题。

---

① 例如,1986 年上海市人大法制委员会委托上海团市委牵头,市委宣传部、市高级人民法院、市人民检察院、市政府教卫办、青少所等 16 家单位参与起草完成了《上海市青少年保护条例》。参见王仰文:《地方人大委托"第三方"参与立法的理论诠释与实践思考》,载《河北法学》2014 年第 10 期。

（一）目前的相关研究

1. 委托第三方参与立法的理论基础

第三方具有专业性和独立性。科学立法是委托第三方参与立法的理论基础之一，目前这在学界已成为共识。将“民主”作为委托第三方参与立法的理论基础，也是目前比较有代表性的一种观点。就参与的方式而言，除通过代表之外，扩大公民参与的渠道和途径，让地方立法真正能够代表民众的意志，是民主原则在立法中的体现，也是保障立法的正当性、提高立法质量的应有之义。委托“第三方”参与地方立法，被认为是宪法所保障的公民民主政治权利的逻辑延伸。①

2. 第三方参与与公众参与的关系

目前的研究大多将立法过程中的第三方参与等同于公众参与，并以《立法法》第 6 条规定的民主立法原则为依据。② 例如，有人认为第三方参与可以弥补公众参与不够的缺点。③ 有人认为《立法法》第 57 条规定第三方参与立法机制，是为立法过程吸纳“民意”提供了渠道。④

3. 第三方参与立法的过程控制

基于长期以来部门主导立法产生的“部门利益法律化”的顽疾，学界对行政立法委托第三方参与的过程控制比较关注，代表性的研究从准入

① 参见王仰文：《地方人大委托“第三方”参与立法的理论诠释与实践思考》，载《河北法学》2014 年第 10 期。

② 《立法法》第 6 条规定，“立法应当坚持和发展全过程人民民主，尊重和保障人权，保障和促进社会公平正义。立法应当体现人民的意志，发扬社会主义民主，坚持立法公开，保障人民通过多种途径参与立法活动”。

③ 作者认为，“第三方的群众性是从其自身人员构成上来看的，人员所代表和反映的意志是其本身所属群体的意志。广大群众作为社会运转中最重要的个体，在地方性法规的执行和实现过程中都具有极其重要的意义”。参见王子正、周静远：《委托第三方参与地方立法问题研究》，载《地方立法研究》2017 年第 2 期。

④ 作者认为，第三方参与立法，“为‘第三方’主体以‘民间’的生存姿态深入参与立法过程赢得了空间，为人大立法过程尊重民意、体恤民意、顺应民意，充分吸纳社会各界的力量和智慧拓展了渠道”。参见王仰文：《地方人大委托“第三方”参与立法的理论诠释与实践思考》，载《河北法学》2014 年第 10 期。

机制、契约机制、公开机制和责任机制等方面,探讨部门相对回避的行政立法模式。① 针对地方立法委托第三方参与的过程控制问题,如第三方的选择方式、选择标准等在实践中并无相关规则的约束,学界已经关注到,②但是缺乏深入的研究。第三方参与立法过程中的权利、权力关系问题,也需要进一步研究。

4. 第三方参与立法的法律责任

对于第三方参与立法的法律责任问题,主要存在两种观点:一是认为参与立法的第三方与立法机关之间形成的是委托合同关系。③ 二是认为参与立法的第三方除合同责任之外,还有其他法律责任,包括与公权力相关联的利益寻租、不当行使权利等行为的责任以及给公共利益或他人利益造成损失的责任。④

(二)关于委托第三方参与地方立法的若干认识误区

上述研究成果对地方委托第三方参与立法过程的规范化产生了积极作用,但是在以下问题的认识上也存在一些误区,需要从理论上予以检讨,以促进委托第三方参与地方立法过程的规范化。

首先,关于立法过程委托第三方参与与公众参与的关系。立法是一

---

① 参见章志远:《行政立法相对回避模式之建构》,载《浙江社会科学》2018 年第 3 期。

② 参见秦前红、刘怡达:《地方立法权主体扩容的风险及其控制》,载《海峡法学》2015 年第 3 期。

③ “立法机关与受托第三方通过达成委托协议形成委托关系,所以委托立法协议从民法的角度来看,其实质是委托合同。立法机关作为委托方依据委托协议的约定向受托第三方支付报酬,受托第三方以自身的专业服务完成委托事务。”参见王子正、周静远:《委托第三方参与地方立法问题研究》,载《地方立法研究》2017 年第 2 期。

④ “对于发现的委托立法协议履行过程中的超越权限、敷衍懈怠、立法失误、立法寻租、收受贿赂等腐败行为,要按照协议约定或法律规定依约依法处理,追究相关“第三方”参与主体的责任,构成犯罪的移交司法机关。”“对于在协议履行过程中有故意或者重大过失给公共利益或者他人利益造成损失的,也必须予以追究。”参见王仰文:《地方人大委托“第三方”参与立法的理论诠释与实践思考》,载《河北法学》2014 年第 10 期。

个利益的配置过程,[①]要体现出立法的民主性,就需要各方利益主体的充分参与。基于人民主权原则,公民有权选举代表参与立法,也有权通过其他渠道直接参与立法。这是公众参与机制的理论基础。《立法法》第57条规定了立法机关可以委托第三方参与立法;第39条和第74条分别规定了立法过程中可以采取座谈会、论证会、听证会等多种形式听取意见,保障公民参与;第40条则规定了就相关法律草案应当向社会公开征求意见。[②] 上述规定都体现了公众参与机制。关于第三方参与的界定,全国人大常委会办公厅于2017年发布的《关于争议较大的重要立法事项引入第三方评估的工作规范》第2条的规定可作为参考。[③] 该规定虽然针对的是立法评估第三方,但是立法调研、立法起草等过程中的第三方的性质与立法评估第三方一样,即"利益利害关系方以外的机构"。第三方并非利益主体,其参与立法也并非基于人民主权原则,只是以其专业性和中立性,对立法提供智力支持。立法的科学性才是第三方参与的理论基础。因此,立法过程的第三方参与与公民参与的理论基础、参与机制等均存在差别。

其次,委托第三方参与立法与民主立法的关系。如前所述,委托第三方参与机制是为了保障立法的科学性,但也并不是说其与立法的民主性完全没有关系。在我国长期的立法实践中,主要由相关部门起草法规草案,这个过程中常常出现部门利益"法律化"的情况。限于立法程序的

---

① 正如学者所言,"立法是对权利资源、权力资源及其他有关社会利益,进行法定制度性配置和调控的专门活动"。参见周旺生:《立法学》,法律出版社2009年版,第49页。

② 《立法法》第40条规定:"列入常务委员会会议议程的法律案,应当在常务委员会会议后将法律草案及其起草、修改的说明等向社会公布,征求意见,但是经委员长会议决定不公布的除外。向社会公布征求意见的时间一般不少于三十日。征求意见的情况应当向社会通报。"

③ 《关于争议较大的重要立法事项引入第三方评估的工作规范》第2条规定,"本规范所称第三方评估,是指由利益利害关系方以外的机构(以下简称第三方),运用科学、系统、规范的评估方法,对有较大争议的重要立法事项进行专项研究和综合评估,并提交评估报告,为立法决策提供参考的活动"。

规定，如果人大及其常委会不是提案主体，在法规草案提交审议之前，人大及其常委会对立法过程无法实现有效的监督，在立法过程中的主导性作用也很难发挥出来。委托第三方参与立法，可以有效地减少部门利益“法律化”的风险，人大常委会也可以通过与第三方签订的协议或者通过委托立法后建立的立法领导小组机制提前介入，对法规草案起草的全过程进行监督，并对第三方的调研和起草工作提供必要的支持，从而真正发挥人大对立法的主导作用，实现民主立法。因此，第三方参与立法，是科学立法的保障，对民主立法也起到了极大的促进作用。（注意：立法领导小组并非仅仅针对第三方的机制。）

最后，第三方参与的过程控制与法律责任问题。第三方参与的过程控制与法律责任，实质上就是立法过程中的权利、权力配置。第三方与一般的公众不同，其在立法过程中并非参与利益博弈的主体。第三方与立法者也不同，其在立法过程中并非立法权的主体。在立法过程中，参与主体可以分为立法者和立法工作人员。① 第三方接受委托，从事法规起草工作，委托与依据法律法规的授权不同，前者并没有发生公权力主体资格的转移，接受委托主体所从事的行为产生的后果由委托方承担。在立法过程中，立法机关是立法权（权力）的主体，通过其他渠道参与立法的公众是公众参与权（权利）的主体，第三方参与立法并非一项权力或权利，第三方只是通过委托协议为立法机关提供智力支持，相当于立法机关的“大脑”，在立法过程中并没有独立于委托协议之外的权力或权利。这一点与国外参与立法的第三方有很大差异，如活跃在美国国会的游说集团，代表利益相关方，享有宪法所保护的参与权；瑞士在组建负责

---

① 立法者，“首先是指立法机关即议会或代表机关中有权提案、审议、表决的议员、议会领导人员，也指参与立法活动的国家元首、行政首脑，还指其他参与立法活动、在成文法的制定和判例法的创制过程中通过行使自己的立法权或立法性职权发挥作用的有关人员”。立法工作人员，“是指不具立法权或立法性职权，但参与立法活动、对立法能起作用，在立法主体的法制工作机构或其他机构从事立法工作的国家公职人员”。参见周旺生：《立法学》，法律出版社2009年版，第194页。

正式起草立法草案的专家委员会时,除要考虑成员的专业性外,也要考虑成员的代表性。①

因此,对第三方参与的过程控制,主要通过委托协议来实现,包括委托协议内容的合理性、签订过程的正当性以及履约过程的适当性。对于第三方的法律责任,也只能按照合同责任来追究。由于委托与授权不同,在委托下立法权并没有发生转移,因此约束立法权行使的措施并不能直接适用于第三方,所谓超越权限、不作为、权力寻租等责任,也不应当适用于第三方。即使是第三方起草的法规草案给公共利益带来损失,也不应当直接追究第三方的责任。在整个立法过程中,第三方承担的就是合同责任,其按照委托协议中双方约定的违约责任承担方式承担。

二、委托第三方参与立法机制的建立

2015 年地方立法权扩容后,地方立法权的主体除省、自治区、直辖市之外,从 49 个省会市、较大的市,扩展到 289 个设区的市、30 个自治州和 4 个不设区的地级市。② 地方立法权的扩容,一方面,顺应了社会发展产生的地方立法需求;另一方面,也对地方立法机关的人员素质和工作效率提出了挑战,当前的人员远远不具备立法工作需要的专业素养和社会经验。《立法法》第 57 条第 2 款为第三方参与提供了依据。③ 于是,委托高等院校、科研院所和其他社会组织参与起草法规草案逐渐成为地方立法的一个普遍现象。本节以恩施州为样本,考察地方探索第三方参与立法的状况。

自地方立法权扩容以来,恩施州人大常委会不断探索第三方参与立

---

① 参见许晓娟:《瑞士公众参与立法制度研究》,法律出版社 2013 年版,第 78 ~ 80 页。

② 据学者统计,截至 2017 年 12 月,我国享有地方立法权的市、州共 323 个,包括设区的市 289 个、自治州 30 个和不设区的地级市 4 个。参见闫然、毛雨:《设区的市地方立法三周年大数据分析报告》,载《地方立法研究》2018 年第 3 期。

③ 《立法法》第 57 条第 2 款规定,"专业性较强的法律草案,可以吸收相关领域的专家参与起草工作,或者委托有关专家、教学科研单位、社会组织起草"。

法的方式。早期的立法以相关行政主管部门起草为主,因此第三方参与地方立法,主要是与部门进行合作。2016 年 12 月批准的《酉水河保护条例》,是地方立法权扩容后恩施州制定的第一部地方性法规,也是自治州人大常委会采取“开门立法”,委托第三方起草法规的首次尝试。2018 年 3 月批准的《恩施土家族苗族自治州硒资源保护与利用条例》(以下简称《硒资源保护条例》),2019 年 9 月批准的《恩施土家族苗族自治州传统村落和民族村寨保护条例》(以下简称《传统村落和民族村寨保护条例》)以及 2020 年 6 月批准的《饮用水水源地保护条例》,均采用了委托第三方立法的方式。综观州的立法机关委托第三方参与立法机制的建立与发展,主要体现在第三方的选择、委托事项范围的确定、对委托立法过程的监督管理机制等方面。

(一)第三方的条件与选择程序

委托第三方参与地方立法,主要目的在于借助第三方在专业上的优势以及其地位的中立性,促进立法的科学性。对第三方的合理选择是实现科学立法的前提。在 2016 年的《酉水河保护条例》委托立法过程中,恩施州人大常委会采取的是直接与选定的第三方签订委托协议的方式,①第三方的条件要求和选择过程并未向社会公开。

上述三部法规对第三方的条件十分明确,例如,《硒资源保护条例》项目要求“项目负责人应为法学专业类的律师、法学研究人员等法律从业人员,具备法律职业资格,有相关立法经验及参与有关法律、法规、规章及规范性文件的起草工作经验。团队必须有 2 名以上人员在项目实施期内专司《条例(草案)》起草工作,满足供应商所有活动的时间安排,必须聘用了解硒方面的经济学、地质学、生物化学领域副教授(或副高级职称)专家各一名,团队成员总人数不低于 6 人,其研究方向符合上述任

① 笔者所在单位作为第三方签署了协议,相关委托立法过程可以参见戴小明、冉艳辉:《区域立法合作的有益探索与思考——基于〈酉水河保护条例〉的实证研究》,载《中共中央党校学报》2017 年第 2 期。

务内容”。《饮用水水源地保护条例》项目要求必须聘用了解饮用水水源地保护方面的设计、建设、环保领域副教授(或副高级职称)专家各一名,团队成员总人数不低于7人,其研究方向符合上述任务内容。在第三方的选择程序上,《硒资源保护条例》、《传统村落和民族村寨保护条例》和《饮用水水源地保护条例》都是采取政府采购的方式,立法项目的内容以及第三方的相关信息均在恩施州公共资源交易中心的网站上向全社会公开。

(二)委托立法事项

接受委托参与立法的事项范围,决定了第三方的参与程度和方式,委托事项的明确具体是科学立法的必要条件。2016年批准的《西水河保护条例》不仅委托第三方起草法规草案,还委托第三方全程参与了立法调研和草案的审批过程,但是委托协议对委托事项约定得十分简单。从恩施州公共资源交易中心公布的《硒资源保护条例》《饮用水水源地保护条例》《传统村落和民族村寨保护条例》等条例的政府采购文件来看,现在的委托立法协议对委托事项的描述十分具体。例如,《传统村落和民族村寨保护条例》的政府采购文件罗列了八项要求:(1)该条例(草案)立法过程前中后期调查与研究;(2)立法思想、基本结构、法理依据、实施保障等相关内容的设计、研究与论证;(3)提纲及文本内容的起草、送审及修改完善;(4)与立法相关的调研咨询考察活动和论证评审会议的组织、汇报服务及经费保障;(5)立法过程中资料的收集、整理、汇编及该条例通过后的出版印刷;(6)修订送审过程中的修订及人大“三审”过程中所有的审定修改完善及相关保障任务;(7)按照州人大2018年立法工作方案要求的时间节点完成各阶段工作;(8)该条例通过后的宣传工作。上述事项不仅涵盖了法规的起草过程,还包括前期的调研、后期的送审以及立法的后续出版、宣传工作,在立法活动、经费、时间等方面提出明确要求。

(三)委托立法的监督管理机制

委托立法过程,一般包括立法调研、草案起草、修订以及完成协议约定的其他事项,立法机关除在该过程中提供必要的帮助和支持外,还应当进行有效的监督管理,为科学立法提供保障。地方立法权扩容后,各地人大及其常委会委托第三方立法,根据提案方的不同,主要采取两种机制:一是地方人大常委会或其工作委员会与第三方签订委托协议,立法全过程由人大常委会的工作人员与第三方共同参与。恩施州 2016 年批准的《酉水河保护条例》采取的就是这种方式。二是地方政府法制办或主管行政机关与第三方签订委托协议,立法前半段由地方政府法制办或主管行政机关协助第三方调研、起草法规草案,进入审议阶段后由地方人大常委会参与。

恩施州在近年来的委托第三方立法实践中不断总结经验,形成了新的委托第三方立法机制:由提案方(如州政府法制办或主管行政机关)与第三方签订委托协议,同时,州人大常委会成立立法工作领导小组,由常委会分管立法工作的副主任任组长,由州人大有关专门委员会和政府有关部门负责人任副组长,州直相关部门负责人为成员。领导小组负责组织、协调立法工作中的具体事项,领导小组下设办公室,办公室设在州人大常委会法工委,负责领导小组日常工作。立法工作领导小组全程领导法规起草工作,掌握委托立法的进度,督促第三方履行委托协议。通过立法工作领导小组,州人大常委会提前介入立法工作,既能避免立法前期被部门利益主导,也能为第三方的调研和起草工作提供支持,真正将人大主导立法贯穿到立法全过程。

恩施州委托第三方参与立法的现状,是地方立法委托第三方参与实践的一个典型样本。2015 年《立法法》修正后,各地立法机关越来越多地采用第三方参与立法的机制。在今后的实践中,第三方的选择与委托过程中各方主体的权利义务配置等问题,还需进一步探索和完善。

三、委托第三方参与地方立法存在的问题

2015 年《立法法》修订后,各地立法机关在实践中不断完善第三方参与立法的机制,明确第三方的资质条件,在第三方的选择过程中引入

公开竞争机制，委托协议中双方的权利义务配置更为科学，委托立法机制不断完善。但是，从恩施州的实践也能看出目前委托第三方参与立法机制规范性不足的问题：

第一，第三方选择机制的规范性。采用公开竞争的方式选择第三方已经成为大多数地方立法机关的普遍经验，但还缺乏规范性依据。从恩施州地方性法规项目的政府采购方式上看，《硒资源保护条例》由竞争性谈判改为单一来源采购方式成交，《传统村落和民族村寨保护条例》为竞争性谈判成交，《饮用水水源地保护条例》为单一来源采购方式成交。上述方式并没有体现出第三方参与主体之间的竞争性，究其原因，在于恩施州地方立法第三方参与的积极性不高或者合格的第三方资源不足。如果没有相应规范的约束，实践中很容易出现某些第三方主体对参与立法机会的“垄断”。

第二，委托协议中委托方与受托方之间权利义务配置的规范性。立法机关与第三方之间的委托协议，是配置双方权利义务的主要方式。由于缺乏相应的规范指导，权利义务的内容和配置方式主要由立法机关决定，任意性较大，第三方相对处于被动地位。

第三，委托第三方参与立法的监督管理机制的规范性。目前各地都在积极探索对第三方参与立法的监督管理机制，如恩施州通过成立立法工作领导小组等方式不断完善对立法过程的监管。但是，“机制”一词，本身强调的就是与过程相关制度之完整性与衔接性，除了第三方选择机制，整个立法工作的领导协调机制、第三方的工作机制、权利保障机制及责任承担机制等，都是监督管理机制应当包含的内容，对其需要进一步体系化、规范化。

四、委托第三方参与地方立法的规范路径

目前委托第三方参与立法在法律层面的规范依据主要是《立法法》第 57 条第 2 款。一方面，该条款根据长期的实践经验从行为方式上作出了引导，规定第三方参与立法有两种方式：一是吸收专家参与。法律草案起草工作中一般都会成立专家顾问小组,与立法工作人员一起搭班子,直接参与具体的起草工作。二是委托有关专家学者、教学科研单位和社会组织起草。该条款另一方面,包含了委托第三方参与立法应当追求的价值原则:对于专业性较强的法律草案,发挥专家学者在起草工作中的作用,应当体现出科学立法的要求。①

委托第三方参与立法在地方层面的规范依据问题近年逐渐受到重视,各地规则相互之间也有参照。通过地方人大常委会发布的规范性文件约束第三方参与立法的,包括2015年的《兰州市人民代表大会常务委员会立法后评估办法》等。2018年3月施行的《贵州省政府立法第三方起草和评估办法》(已修改)是全国首部规范第三方参与地方立法的地方性法规。其他具有立法权的地方也开始重视第三方参与地方立法的规范化问题,如海口市于2021年12月发布了《海口市政府立法项目委托起草管理办法》。从上述规范内容看,基本包括了第三方参与地方立法的原则,第三方的条件,委托协议的内容,法规草案起草过程中双方的权力、权利和义务等。具体规范内容各有侧重,如2018年《贵州省政府立法第三方起草和评估办法》没有规定选择第三方的程序,《海口市政府立法项目委托起草管理办法》中规定了应当委托第三方的立法项目类型、受托方的条件,对受托方提交的最终文本材料和送审稿的要求作出了规定。② 但是,从上述规范中基本原则条款的表述上看,各地对指导第三方参与立法的价值原则认识并不清晰也没有达成共识。例如,2018年《贵州省政府立法第三方起草和评估办法》第4条的规定将科学决策、民主决策、依法决策、客观公正、公开透明、系统全面、注重实效这些原则"一锅煮"。《海口市政府立法项目委托起草管理办法》第3条规定"委

---

① 参见乔晓阳主编:《〈中华人民共和国立法法〉导读与释义》,中国民主法制出版社2015年版,第198页。

② 参见《海口市政府立法项目委托起草管理办法》(2021年12月31日海口市人民政府令第119号公布)第6条、第7条、第12条、第13条。

托起草工作应当遵循公开透明、客观公正、公平民主、科学严谨、系统全面、注重实效”原则，也都大同小异。如果没有清晰的价值原则用以指导规范的形成和适用，一个规则体系从本质上看只能算是经验的集合，并不能上升到真正的规范层面。

综上所述，当前地方委托第三方参与立法的规范化路径在于：一方面要建构和完善指导规范形成和适用的价值原则。对社会生活的调整通过规范来完成。法律规范不仅仅是实践经验的描述和总结，还包含一定的价值追求和判断。对第三方参与立法的规范，要有明确的指导原则。另一方面，要结合不断发展的社会实践，将行之有效的经验合理提取为规则，促使现有规范系统“不间断地再生产”。① 各地要不断完善委托第三方参与立法的规则，保障“开门立法”有法可依、良性发展。

---

① 规范系统的“再生产”，参见［德］尼克拉斯·卢曼：《法社会学》，宾凯、赵春燕译，上海世纪出版集团2013年版，第430页。

余论 立法权扩容后地方立法的发展路径

2015年，地方立法权扩容是我国立法体制发展的一个重要节点，对地方立法产生了重要影响。本书对地方立法权扩容前后的地方立法、立法机制以及立法权的配置状况进行了比较，对民族自治地方自治立法权与地方性法规制定权的合理配置与规范运用存在的障碍及解决思路进行了探讨。要寻求地方立法的发展路径，还要将其作为人类社会这个复杂系统的子系统之一进行考察。

一、作为社会子系统之一的地方立法

人类社会是一个高度复杂的系统，要探寻地方立法的良性发展路径，应将其视为社会的子系统之一，对相关影响因素进行综合考察。地方立法系统本身具有相对稳定的结构，存在立法权、立法权载体以及相应的立法机制等因素。在这个系统外部，是社会这个大环境，其中持续发生着社会变迁、治理结构以及相关领域治理措施的调整等变化。社会的每一个子系统具有相对稳定性的同时也具有开放性,这是子系统得以发展的前提条件。在地方立法系统中,其也会不断将社会进化的成就加以吸收和稳定,转化成内部得以发展的源泉。通过对2015年立法权扩容对地方立法所产生影响的分析,能够看出维持地方立法系统稳定性的内部因素和外部因素,对上述因素进行提炼和反思,可以找到地方立法良性发展的路径。

二、构成地方立法系统的内部因素

地方立法系统主要包括立法机制以及维持立法机制运作的社会物质条件,在社会物质条件得以基本满足的情况下,维持地方立法系统稳定性的内部因素主要包括构成立法机制的立法权、立法权载体、立法程序等。

(一)维持地方立法系统内部结构稳定的前提

维持地方立法系统内部结构稳定的前提是合理配置立法权。在立法权的横向配置上,2015年《立法法》修正后,立法权在一般地方人大及其常委会之间必须合理配置,在民族自治地方人大及其常委会之间,还涉及自治立法权与地方性法规制定权的合理配置。此外,地方党委、政府及相关部门、政协、社会团体和公民都不同程度地参与立法,立法权只有在上述主体之间合理配置,才能形成党委领导、人大主导、政府依托、各方参与的立法工作格局,才能真正发挥立法过程中协商民主的作用。解决立法权合理配置的问题,才能解决地方立法不科学、无效率的问题。地方立法权的合理配置需要有权机关通过立法或者法律解释予以明确,同时也需要地方人大发挥主观能动性、出台相应的措施予以解决。

在立法权的纵向配置上,还存在地方与上级国家机关之间的立法权配置问题,自治立法过程中的立法权配置涉及民族自治地方自治权的行使边界问题,地方性法规制定过程中的立法权配置涉及不同层级的地方之间的利益分配问题。只有通过相关立法规定事前的权限划分,并建立起事后的争议解决机制,才能扫除地方立法权行使过程中的诸多障碍。

（二）维持地方立法系统内部结构稳定的主体性因素

立法权载体即立法机构设置的科学性、立法参与者的能力与素质，是维持系统内部结构稳定的主体性因素。立法机构在实践中主要包括作为立法权行使主体的人大及其常委会，也包括参与到法规案起草与审议过程中的人大及其他与立法相关的专门委员会，还包括组织日常立法工作的人大常委会的法制工作委员会及其他与立法相关的工作机构。此外，还包括享有法规提案权的政府及相关部门，以及参与到立法过程中的社会团体及公民。立法机构设置的科学性和立法参与者的能力与素质，直接关系立法工作的顺利开展以及立法的质量。例如，立法机构人员配备不足会直接影响立法工作的开展；地方立法的合法性，取决于立法参与者对上位法的理解和把握，与上位法形式上的不抵触，现在的立法基本都能做到，但是一旦涉及自治立法权与地方性法规制定权的权限范围等上位法规定不明确的问题，地方通常缺乏相应的把握能力。再如地方立法的特色问题，当前地方性法规、自治立法大多照搬上位法或地方之间立法重复现象严重，主要原因在于缺乏主观能动性或者以本地存在的问题为导向、提炼本地特色的能力。以当前生态环境立法中的生态补偿规定为例，由于没有明确的上位法规定，当前几乎所有地方立法对此都语焉不详，立法参与者缺乏结合本地实际进行探索创新的能力。2015年《立法法》修订以来，地方在立法过程中开始积极探索开门立法的经验，如委托第三方参与立法、充分进行立法协商，借助专业人士和社会公众的力量，在一定程度上弥补了立法机构人员配备不足的问题，也改变了以往以部门立法为主、“方便执法”的思路“绑架”立法思路的问题，在提高地方立法质量方面产生了良好的效果。但是第三方参与的方式、享有的权利及应当承担的责任都需要有明确的规定，以免造成利益寻租或公共资源浪费。

（三）维持地方立法系统内部结构稳定的程序性因素

地方的立法程序主要包括自治立法程序和地方性法规制定程序，两种立法权的基本原理不同，其立法程序也存在一定差异。自治立法的主体是民族自治地方人大，受到人大会期的影响，自治立法的周期也比较长。在一些省市，就自治立法还规定了法定程序之外的“工作程序”，要求自治立法报省级人民政府审批。2015年《立法法》修订后，增加了民族自治地方自治条例和单行条例报全国人大常委会及国务院备案时对变通规定的专项说明。一旦在自治立法程序中设置过多“障碍”，民族自治地方就会偏向于选择更为顺畅、效率更高的地方性法规制定程序。设区的市与自治州制定地方性法规的程序同样受到省级人大常委会的全过程控制，不仅仅是《立法法》所规定的合法性审查，还包括合理性审查及其他方面的审查。省级人大常委会对地方性法规的审批只有回归法定边界，才能解决当前存在的省级人大常委会干预过多、压缩地方的立法空间、打击地方立法主动性和积极性的问题。

三、影响地方立法系统的外部因素

影响地方立法系统的外部因素很复杂，本书主要讨论社会的变迁与社会治理结构的变化，上述因素直接影响地方立法系统，并且贯穿了立法观念、立法技术、立法体制与立法内容。

（一）社会的变迁

社会的变迁包括人类社会所处的客观自然环境的变化以及人类社会随之发生的生活方式、社会价值观、社会制度的变化等。因此，社会学和政治学的学者们大多将社会变迁看作主客体双向互动的运动。例如，卡尔·波兰尼认为，社会变迁是市场经济的自发扩张和社会寻求自我保护的“双向运动”①。社会变迁可以被视为现代化与后现代化的过程，现代化是指前工业社会（游牧社会/部落社会和农耕社会）向工业社会的转变过程，后现代化则是指从工业社会转向后工业社会（信息社会/网络社

---

① 参见[英]卡尔·波兰尼：《大转型：我们时代的政治与经济起源》，冯钢、刘阳译，浙江人民出版社2007年版，第116～128页。

会)的过程。社会变迁的过程,则是从自发型社会到生产型社会,再到消费型社会。[①]

首先,社会变迁导致地方立法观念的变化。社会价值观会随着社会变迁发生变化,以生态文明为例,工业社会以发展为导向,不重视对生态环境的保护,甚至以生态环境为代价谋求发展。进入现代社会,人类开始重视日益严重的环境问题,生态文明成为人类社会在物质文明之外的重要发展目标。在上述观念的影响下,近年来在地方生态环境保护方面的立法比重越来越大。

其次,社会变迁导致立法技术的变化。社会变迁导致社会分工越来越细致,专业化程度也越来越高,就立法本身而言,其已经不仅是一个民主过程,还是一个专业性很强的活动。一方面,立法信息的搜集渠道日趋专业,主要包括政府的大数据部门以及各种专业数据库;另一方面,立法人才日趋专业化,在法规案的起草过程中,在传统的依靠政府相关专业部门的基础上,还通过第三方参与的方式,引入科研院所及其他专业人士。

最后,社会变迁也会直接导致地方立法的调整对象发生变化。法律规范的调整对象是社会关系,不同社会类型中的社会关系也存在差异。在现代化进程中,随着市场经济的建立和发展,劳动力、生产资料以及商品都突破地域限制,在更大范围内流通,自由大市场要求主体之间具有平等性、规则具有统一性。随着城镇化进程的深入,人口流动性增加,各民族之间的交往、交流、交融也不断增强。尤其是进入后现代社会之后,网络日益发达,传统的经济体系和社会生活方式都发生变化,权利与权力的类型以及行使方式也发生了变化,地方立法的内容必然也会发生变化。

---

① 参见燕继荣:《社会变迁与社会治理——社会治理的理论解释》,载《北京大学学报(哲学社会科学版)》2017年第5期。

(二)社会治理结构的变化

社会治理是应对社会变迁过程中出现的各种问题的方式。正如学者所言,“现代化和后现代化构成了社会变迁的力量,而社会治理构成了应对社会变迁的反向运动的力量”①。人类社会存在复杂的治理结构,即对地方立法系统产生直接影响的治理机制。以民族自治地方为例,至少包括多民族国家对民族问题的治理机制、民主国家的代议制民主与协商民主机制、单一制国家中央集权与地方适度分权机制、基层群众自治机制等。上述机制发生变化,社会治理结构就发生变化。

首先,我国作为统一多民族国家,从新中国成立之时就在马克思主义民族平等原则指导下确立了民族区域自治制度,民族自治地方自治立法权作为自治权的一部分,受到宪法和相关法律的保障。我国各族人民在共产党的领导下奋斗多年的历史经验表明,民族区域自治制度是适合中国国情的制度。要坚持和完善民族区域自治制度,民族自治地方的自治立法权就应得到充分保障。

其次,人民代表大会制度所代表的代议制民主与民主党派、社会团体、公民直接参与的协商民主制,共同构成了中国作为一个现代民主国家的主要内涵。随着《立法法》修订后对立法过程中协商民主的强调,地方的立法机制,也更加重视代议制民主与协商民主的有机结合。民族自治地方人民代表大会或其常委会审议、通过立法,在法规案的起草过程中,充分保障民主党派、社会团体与公民参与的权利。民族自治地方的立法,既具特色,又具民主性。

最后,单一制国家传统的中央集权模式逐渐向适度地方分权发展,我国立法体制逐渐演变成“一元两级多层次”的结构,民族自治地方的自治区、自治州也在立法权向地方扩容的过程中获得地方性法规制定权。

---

① 燕继荣:《社会变迁与社会治理——社会治理的理论解释》,载《北京大学学报(哲学社会科学版)》2017 年第 5 期。

立法权的分化也体现出社会治理方式的变化，即从传统的政府主导转向与社会参与、基层自治相结合，这一转变直接影响了民族自治地方立法的内容，立法上配置权力、权利的时候，也从传统的重视政府管制(权力)的思维转变为重视公民的自治(权利)。

四、实现地方立法系统的良性发展

地方立法系统是一个结构相对稳定的社会子系统，要实现该系统的良性发展，内外诸因素之间必须协调发展。一方面，要保持系统内部各个因素之间的协调。例如，要合理配置中央与地方立法权，也要合理配置地方立法主体之间的权限，立法机构的设置、立法人员的能力与素质要与当地的立法需求相适应，立法程序的设置要有利于立法权规范、顺畅地行使。另一方面，系统要对外部社会因素的变化作出及时、准确的反映。地方立法系统要及时、准确地反映社会的变迁、社会治理结构以及其他因素的变化，就必须保持开放性。立法必须让能够充分代表各阶层或群体利益的主体都参与进来，才有可能反映出真实的社会关系和利益需求。

2015 年以后的地方立法权扩容，对地方立法系统产生了巨大影响。从系统内部诸要素而言，立法权扩容导致地方立法权的类型更加复杂，自治立法权与地方性法规制定权之间的关系和权限划分必须予以明确，地方人大与其常委会之间的立法权限划分也需要加以明晰。只有进一步规范地方与上级国家机关之间的立法权限，才能为地方留下立法与创新的空间。从系统外部诸要素看，地方立法权扩容意味着立法权的进一步下放，地方拥有更大的自主空间，同时也意味着在社会关系日益复杂化、社会分工日益精细化的今天，地方立法将面临更多的问题和挑战。面对未来，没有一劳永逸或一蹴而就，只能与时俱进，时刻保持地方立法系统的民主性和开放性，将时代赋予的各种危机和压力，转化为促进系统良性发展的动力。

参考文献

一、著作

（一）译著

1.《马克思恩格斯选集》（第3卷），中共中央马克思恩格斯列宁斯大林著作编译局编译，人民出版社1995年版。

2.《列宁全集》（第24卷），中共中央马克思恩格斯列宁斯大林著作编译局编译，人民出版社1990年版。

3.［奥］凯尔森：《法与国家的一般理论》，沈宗灵译，中国大百科全书出版社1996年版。

4.［法］让·雅克·卢梭：《社会契约论》，何兆武译，商务印书馆2003年版。

5.［德］哈贝马斯：《在事实与规范之间：关于法律和民主法治国的商谈理论》，童世骏译，生活·读书·新知三联书店2003年版。

6.［法］孟德斯鸠：《论法的精神》（上卷），徐明龙译，商务印书馆2012年版。

7. [德]尼克拉斯・卢曼:《法社会学》,宾凯、赵春燕译,上海世纪出版集团2013年版。

8. [德]赫尔穆特・沃尔曼:《德国地方政府》,陈伟、段德敏译,北京大学出版社2005年版。

9. [德]考夫曼:《法律哲学》,刘幸义等译,法律出版社2004年版。

10. [日]阿部照哉等编著:《宪法——总论篇、统治机构篇》(上),周宗宪译,中国政法大学出版社2006年版。

11. [日]平冈久:《行政立法与行政基准》,宇芳译,中国政法大学出版社2014年版。

12. [英]亚当・斯密:《国富论》(下),杨敬年译,陕西人民出版社2001年版。

13. [英]边沁:《道德与立法原理导论》,时殷弘译,商务印书馆2000年版。

14. [英]J. S. 密尔:《代议制政府》,汪瑄译,商务印书馆2009年版。

15. [英]卡尔・波兰尼:《大转型:我们时代的政治与经济起源》,冯钢、刘阳译,浙江人民出版社2007年版。

16. [英]弗里德利希・冯・哈耶克:《法律、立法与自由》(第1卷),邓正来译,中国大百科全书出版社2000年版。

17. [英]戴维・威尔逊、[英]克里斯・盖姆:《英国地方政府》,张勇等译,北京大学出版社2009年版。

18. [加]威尔・金利卡著:《多元文化的公民身份——一种自由主义的少数群体权利理论》,马莉、张昌耀译,中央民族大学出版社2009年版。

19. [加]乔治・安德森:《联邦制导论》,田飞龙译,中国法制出版社2009年版。

20. [瑞典]埃里克・阿姆纳、[瑞典]斯蒂格・蒙丁主编:《趋向地方自治的新理念?——比较视角下的新近地方政府立法》,杨立华等译,北京大学出版社 2005 年版。

21.［美］科恩:《论民主》,聂崇信、朱秀贤译,商务印书馆 1988 年版。

22.［美］E. 博登海默:《法理学:法律哲学与法律方法》,邓正来译,中国政法大学出版社 2004 年版。

23.［美］威廉・N. 邓恩:《公共政策分析导论》(第 2 版),谢明等译,中国人民大学出版社 2002 年版。

24.［美］杰里米・沃尔德伦:《立法的尊严》,徐向东译,华东师范大学出版社 2019 年版。

25.［美］乔・B. 史蒂文斯:《集体选择经济学》,杨晓维等译,上海三联书店、上海人民出版社 2003 年版。

26.［美］詹姆斯・M. 布坎南、［美］戈登・图洛克:《同意的计算:立宪民主的逻辑基础》,陈光金译,上海人民出版社 2017 年版。

27.［美］詹姆斯・菲什金、［英］彼得・拉斯莱特主编:《协商民主论争》,张晓敏译,中央编译出版社 2009 年版。

28.［美］安东尼・唐斯:《民主的经济理论》,姚洋等译,上海人民出版社 2017 年版。

29.［美］曼瑟・奥尔森:《集体行动的逻辑》,陈郁等译,格致出版社、上海人民出版社 2018 年版。

30.［美］罗伯特・A. 达尔:《论民主》,李风华译,中国人民大学出版社 2012 年版。

31.［美］罗伯特・A. 达尔:《多元主义民主的困境——自治与控制》,周军华译,吉林人民出版社 2011 年版。

32.［美］塞缪尔・P. 亨廷顿:《变化社会中的政治秩序》,王冠华、刘为等译,上海人民出版社 2008 年版。

33.［美］罗伯特・诺奇克:《无政府、国家和乌托邦》,姚大志译,中国社会科学出版社 2008 年版。

34. [美]迈克尔·罗斯金等:《政治科学》,林震等译,中国人民大学出版社2009年版。

35. [美]约翰·罗尔斯:《正义论》,何怀宏等译,中国社会科学出版社2001年版。

(二)中文著作

1.《毛泽东选集》(第5卷),人民出版社1977年版。

2. 李维汉编著:《统一战线问题与民族问题》,人民出版社1981年版。

3. 中共中央统战部编:《民族问题文献汇编》,中共中央党校出版社1991年版。

4. 中共中央文献研究室、中共西藏自治区委员会编:《西藏工作文献选编(一九四九——二〇〇五年)》,中央文献出版社2005年版。

5. 国务院法制办公室编:《中华人民共和国法规汇编1949—1952》(第1卷),中国法制出版社2014年版。

6. 全国人大常委会办公厅研究室编:《中华人民共和国人民代表大会文献资料汇编(1949-1990)》,中国民主法制出版社1990年版。

7. 全国人大常委会法制工作委员会国家法室编著:《中华人民共和国立法法释义》,法律出版社2015年版。

8. 金炳镐主编:《民族纲领政策文献选编》,中央民族大学出版社2006年版。

9. 乔晓阳主编:《〈中华人民共和国立法法〉导读与释义》,中国民主法制出版社2015年版。

10. 王汉斌:《王汉斌访谈录——亲历新时期社会主义民主法制建设》,中国民主法制出版社2012年版。

11. 王汉斌:《社会主义民主法制文集》(上、下),中国民主法制出版社2012年版。

12.《彭真传》编写组:《彭真传》(第2卷),中央文献出版社2012

年版。

13. 许崇德:《中华人民共和国宪法史》,福建人民出版社 2005 年版。

14. 蔡定剑:《中国人民代表大会制度》,法律出版社 2003 年版。

15. 周旺生:《立法学》,法律出版社 2009 年版。

16. 崔卓兰等著:《地方立法实证研究》,知识产权出版社 2007 年版。

17. 李林:《立法制度与理论》,中国法制出版社 2005 年版。

18. 陈庆云主编:《公共政策分析》,北京大学出版社 2011 年版。

19. 王爱声:《立法过程:制度选择的进路》,中国人民大学出版社 2009 年版。

20. 曹海晶:《中外立法制度比较》,商务印书馆 2016 年版。

21. 张国庆主编:《公共政策分析》,复旦大学出版社 2004 年版。

22. 韩大元:《1954 年宪法制定过程》,法律出版社 2014 年版。

23. 戴小明:《中国民族区域自治的宪政分析》,北京大学出版社 2008 年版。

24. 戴小明等:《统一·自治·发展——单一制国家结构与民族区域自治研究》,中国社会科学出版社 2014 年版。

25. 黄光学主编:《当代中国的民族工作》(上),当代中国出版社 1993 年版。

26. 黄元姗:《民族区域自治制度的发展与完善:自治州自治条例研究》,中国社会科学出版社 2014 年版。

27. 吉雅:《民族区域自治地方自治立法研究》,法律出版社 2010 年版。

28. 魏红英:《宪政架构下的地方政府模式研究》,中国社会科学出版社 2004 年版。

29. 张文山等:《自治权理论与自治条例研究》,法律出版社 2005 年版。

30. 张文山:《突破传统思维的瓶颈——民族区域自治法配套立法问

题研究》,法律出版社 2007 年版。

31. 刘平:《立法原理、程序与技术》,学林出版社、上海人民出版社 2017 年版。

32. 宋方青、姜孝贤、程庆栋:《我国地方立法权配置的理论与实践研究》,法律出版社 2018 年版。

33. 李林:《立法理论与制度》,中国法制出版社 2005 年版。

34. 沈寿文:《中国民族区域自治制度的性质》,法律出版社 2013 年版。

35. 吴宗金、敖俊德主编:《中国民族立法理论与实践》,中国民主法制出版社 1998 年版。

36. 毛公宁、王铁志主编:《民族区域自治新论》,民族出版社 2002 年版。

37. 陈建华:《立法协商制度研究》,人民出版社 2019 年版。

38. 丁渠:《立法中的不正当部门利益治理——代议制民主的视角》,中国社会科学出版社 2014 年版。

39. 赵成根:《民主与公共决策研究》,黑龙江人民出版社 2000 年版。

40. 肖巧平:《地方人大与其常委会立法权限划分研究》,法律出版社 2015 年版。

41. 李春晖:《民族区域自治权论》,民族出版社 2011 年版。

42. 李占荣、唐勇等:《宪法的民族观及其中国意义研究》,法律出版社 2015 年版。

43. 关凯:《族群政治》,中央民族大学出版社 2007 年版。

44. 常安:《统一多民族国家的宪制变迁》,中国民主法制出版社 2015 年版。

45. 中国社会科学院法学研究所、四川省人大法制委员会、四川省人大常委会法制工作委员会课题组:《中国地方立法实践分析:以四川地方立法为背景》,中国社会科学出版社 2015 年版。

46. 武钦殿:《地方立法专题研究:以我国设区的市地方立法为视角》,中国法制出版社 2018 年版。

47. 谢勇主编:《地方立法学》,法律出版社 2019 年版。

48. 王保民:《现代国家政府立法角色研究》,法律出版社 2015 年版。

49. 王保民主编:《立法法理学》,法律出版社 2019 年版。

50. 胡夏枫:《立法与改革:1978—2018 年法律修改实践研究》,中国政法大学出版社 2018 年版。

51. 许晓娟:《瑞士公众参与立法制度研究》,法律出版社 2013 年版。

52. 付子堂主编:《地方立法蓝皮书:中国地方立法报告(2018)》,社会科学文献出版社 2018 年版。

53. 林尚立:《国内政府间关系》,浙江人民出版社 1998 年版。

54. 周叶中:《代议制度比较研究》,商务印书馆 2014 年版。

二、论文

1. 敖俊德:《论民族自治地方立法在我国立法体制中的地位》,载《西南民族大学学报(人文社会科学版)》2003 年第 6 期。

2. 边巴拉姆:《民族区域自治地方立法评析——以五十年来西藏自治区立法为例》,载《中央民族大学学报(哲学社会科学版)》2015 年第 5 期。

3. 曾宪义:《论自治条例的立法基础》,载《中南民族大学学报(人文社会科学版)》2004 年第 4 期。

4. 陈俊:《〈立法法〉修改后地方立法体制发展的前景》,载《地方立法研究》2017 年第 1 期。

5. 陈蒙:《"本民族内部事务"探析》,载《中南民族大学学报(人文社会科学版)》2017 年第 6 期。

6. 陈绍凡:《我国民族自治地方立法若干问题新探》,载《民族研究》2005 年第 1 期。

7. 崔卓兰、赵静波:《中央与地方立法权力关系的变迁》,载《吉林大学社会科学学报》2007年第2期。

8. 戴小明、黄元姗：《论上级国家机关的民族法责任》，载《湖北民族学院学报（哲学社会科学版）》2010年第5期。

9. 戴小明、冉艳辉：《区域立法合作的有益探索与思考——基于〈酉水河保护条例〉的实证研究》，载《中共中央党校学报》2017年第2期。

10. 丁祖年、郑春燕：《中国地方立法的现实与转型》，载《地方立法研究》2016年第1期。

11. 封丽霞：《中央与地方立法事权划分的理念、标准与中国实践——兼析我国央地立法事权法治化的基本思路》，载《政治与法律》2017年第6期。

12. 郭丽萍：《民族自治地方自治法规司法适用的实证考察——以106份裁判文书为分析样本》，载《民族研究》2016年第5期。

13. 韩大元：《论自治条例的若干问题》，载《中央民族大学学报（哲学社会科学版）》1996年第6期。

14. 焦洪昌、马骁：《地方立法权扩容与国家治理现代化》，载《中共中央党校学报》2014年第5期。

15. 雷伟红：《论民族自治地方自治法规立法权与地方性法规立法权的协调》，载《中南民族大学学报（人文社会科学版）》2018年第4期。

16. 李宝奇：《关于延边朝鲜族自治州自治条例修改的探讨》，载《延边大学学报（社会科学版）》2000年第2期。

17. 李飞：《加强和改进省（区）人大常委会对设区的市立法工作的审批指导》，载《中国人大》2020年第2期。

18. 李淮：《自治立法权的行使现状及对策研究——以广西12个自治县自治条例为分析视角》，载《广西民族研究》2017年第5期。

19. 梁国尚：《对特别重大事项立法问题的审视与思考》，载《法学杂志》2001年第4期。

20. 廖军权、黄泷一：《提升设区的市立法质量的创新机制：立法点评》,载《地方立法研究》2017 年第 1 期。

21. 刘锦森:《刍议民族自治地方单行条例项目的确定》,载《人大研究》2004 年第 3 期。

22. 刘立可、赵晓思:《省人大出台设区的市立法指导意见》,载《浙江人大》2018 年第 6 期。

23. 柳建启:《论协商民主在地方立法中的应用》,载《哈尔滨师范大学社会科学学报》2016 年第 3 期。

24. 马俊毅:《论现代多民族国家建构中民族身份的形成》,载《民族研究》2014 年第 4 期。

25. 毛公宁:《关于制定自治区自治条例的难点及对策》,载《民族团结》1994 年第 9 期。

26. 潘弘祥:《自治立法的宪政困境及路径选择》,载《中南民族大学学报(人文社会科学版)》2008 年第 3 期。

27. 潘红祥、张星:《中国民族法治七十年:成就、经验与展望》,载《民族研究》2019 年第 3 期。

28. 潘红祥:《论民族自治地方自治立法权和地方立法权的科学界分》,载《法学评论》2019 年第 3 期。

29. 潘红祥:《自治区自治条例出台难的原因分析及对策》,载《北方民族大学学报(哲学社会科学版)》2009 年第 3 期。

30. 彭建军:《自治区自治条例所涉自治立法权问题研究》,载《民族研究》2015 年第 2 期。

31. 彭中礼:《改革开放四十年我国民族自治地方立法权行使研究——以云南 8 个自治州为例(1984 ~ 2017)》,载《云南师范大学学报(哲学社会科学版)》2018 年第 5 期。

32. 乔晓阳:《在新的起点上加强地方立法工作》,载《地方立法研究》2016 年第 1 期。

33. 秦前红、刘怡达:《地方立法权主体扩容的风险及其控制》,载

《海峡法学》2015 年第 3 期。

34. 秦前红:《宪政视野下的中国立法模式变迁——从"变革性立法"走向"自治性立法"》,载《中国法学》2005 年第 3 期。

35. 冉艳辉:《民族自治地方立法权的合理配置探析》,载《学术交流》2017 年第 2 期。

36. 戴小明、冉艳辉:《论国家结构形式与民族区域自治》,载《中南民族大学学报(人文社会科学版)》2014 年第 5 期。

37. 冉艳辉:《民族自治地方自治立法权的保障》,载《法学》2015 年第 9 期。

38. 山东省人大常委会法制工作委员会:《依法做好合法性审查　提高设区市立法质量——山东省 2017 年设区的市地方立法审查指导工作综述》,载《山东人大工作》2018 年第 3 期。

39. 沈寿文:《"本民族内部事务"提法之反思》,载《思想战线》2013 年第 3 期。

40. 沈寿文:《民族区域自治立法权与一般地方立法权的关系——以"优惠照顾理论"范式为视角》,载《广西民族研究》2016 年第 3 期。

41. 石佑启:《论地方特色:地方立法的永恒主题》,载《学术研究》2017 年第 9 期。

42. 宋才发:《自治区的立法自治权及自治条例问题研究》,载《民族研究》2007 年第 4 期。

43. 苏力:《当代中国的中央与地方分权——重读毛泽东〈论十大关系〉第五节》,载《中国社会科学》2004 年第 2 期。

44. 苏绍龙:《地方立法协商制度机制刍议》,载《暨南学报(哲学社会科学版)》2015 年第 5 期。

45. 田钒平:《〈民族区域自治法〉配套立法探讨》,载《民族研究》2015 年第 2 期。

46. 田钒平:《民族区域自治的实质内涵辨析》,载《贵州社会科学》

2014 年第 9 期。

47. 田孟清:《从修宪看社会主义民族关系的新发展与新特征》,载《中南民族大学学报(人文社会科学版)》2018 年第 4 期。

48. 万其刚:《我国人民代表大会制度的形成与发展》,载《当代中国史研究》2005 年第 1 期。

49. 汪永清:《立法结构均衡问题初探》,载《中国法学》1990 年第 4 期。

50. 王锴:《合宪性、合法性、适当性审查的区别与联系》,载《中国法学》2019 年第 1 期。

51. 王仰文:《地方人大委托“第三方”参与立法的理论诠释与实践思考》,载《河北法学》2014 年第 10 期。

52. 王允武、廖燕萍:《民族自治地方单行条例立法检视——以近三年为样本》,载《西北民族大学学报(哲学社会科学版)》2015 年第 3 期。

53. 王允武、田钒平:《关于完善我国民族区域自治地方立法体制的思考》,载《中南民族大学学报(人文社会科学版)》2004 年第 5 期。

54. 王允武、田钒平:《中央与民族自治地方立法分权的法律实证研究》,载《贵州民族学院学报(哲学社会科学版)》2009 年第 2 期。

55. 王子正、周静远:《委托第三方参与地方立法问题研究》,载《地方立法研究》2017 年第 2 期。

56. 魏红英:《对当代中国地方自治制度若干特征的认识》,载《江汉论坛》2002 年第 12 期。

57. 吴大华、李继扬:《论民族自治地方单行条例的完善——以〈××省××自治县摩梭人民俗文化保护条例〉(草案)的制定为例》,载《中南民族大学学报(人文社会科学版)》2015 年第 1 期。

58. 吴宗金:《“本民族内部事务”之我见——兼与赵学发商榷》,载《中国民族》1987 年第 12 期。

59. 熊文钊、王楚克:《“中华民族”入宪:概念由来、规范释义与重大意义》,载《西北大学学报(哲学社会科学版)》2018 年第 4 期。

60. 熊文钊、洪伟:《试论单行条例及其变通规定的制定》,载《西北民族大学学报(哲学社会科学版)》2013 年第 3 期。

61. 徐合平:《浅析民族自治地方自治立法统一性原则的法律基础》,载《人大研究》2004 年第 10 期。

62. 闫然、毛雨:《设区的市地方立法三周年大数据分析报告》,载《地方立法研究》2018 年第 3 期。

63. 燕继荣:《社会变迁与社会治理——社会治理的理论解释》,载《北京大学学报(哲学社会科学版)》2017 年第 5 期。

64. 伊士国、李杰:《论设区的市地方性法规的审查批准制度》,载《中州大学学报》2017 年第 3 期。

65. 余俊:《〈立法法〉在民族自治地区施行的相关问题》,载《地方立法研究》2017 年第 1 期。

66. 张殿军:《府际关系视野下的民族自治地方自治立法》,载《云南社会科学》2019 年第 6 期。

67. 张殿军:《民族法学研究范式转型与民族法立法体制机制探析》,载《河北法学》2013 年第 5 期。

68. 章志远:《行政立法相对回避模式之建构》,载《浙江社会科学》2018 年第 3 期。

69. 赵健君:《如何理解"本民族内部事务"?》,载《中国民族》1986 年第 10 期。

70. 郑毅:《〈立法法〉修改后自治州一般地方立法权与自治立法权关系研究》,载《法学评论》2018 年第 4 期。

71. 郑毅:《〈立法法〉修改三年来我国自治州立法权的实施问题研究——以 × × 自治州为例》,载《中央民族大学学报(哲学社会科学版)》2018 年第 5 期。

72. 郑毅:《驳"以自治区单行条例替代自治条例"论——兼议自治

区自治条例的困境与对策》,载《广西民族研究》2014 年第 3 期。

73. 郑毅:《自治机关构成与自治州地方性法规的授权逻辑》,载《贵州民族研究》2015 年第 7 期。

74. 周尚君等:《制度竞争视角下的地方立法权扩容》,载《法学》2015 年第 11 期。

75. 朱伦:《论民族共治的理论基础与基本原理》,载《民族研究》2002 年第 2 期。

76. 朱振进:《对较大市地方性法规审查批准的思考》,载《观察与思考》2012 年第 4 期。

77. Gorge Woodman, *The Legislative Process in the Northern Ireland Assembly*, 1 Legal Information Management 43(2001).

78. Hans Peter Graver, Geir Ulfstein, *The Sami People's Right to Land in Norway*, 4 International Journal on Minority and Group Rights 337 (2004).

79. Buchanan, Allen, *Political Legitimacy and Democracy*, 4 Ethics 112 (2002).

附录　地方立法权扩容后30个自治州的立法状况表

序号	法规名称	通过时间	批准时间	制定主体	法规类别	备注
1. 阿坝藏族羌族自治州						
1	阿坝藏族羌族自治州文物保护条例	2019年12月12日	2020年6月12日	自治州人大常委会	地方性法规	
2	阿坝藏族羌族自治州民族团结进步条例	2019年1月8日	2019年5月23日	自治州人大	单行条例	
3	阿坝藏族羌族自治州藏语言文字条例	2017年12月29日	2018年7月26日	自治州人大	单行条例	
4	阿坝藏族羌族自治州立法条例	2017年12月29日	2018年5月31日	自治州人大		立法条例

续表

序号	法规名称	通过时间	批准时间	制定主体	法规类别	备注
2. 巴音郭楞蒙古自治州						
1	库尔勒市城区养犬管理条例	2020年3月20日	2020年9月19日	自治州人大常委会	地方性法规	
2	巴音郭楞蒙古自治州人民代表大会及其常务委员会立法条例	2019年1月11日	2019年7月25日	自治州人大		立法条例
3	巴音郭楞蒙古自治州大气污染防治办法	2019年5月26日	2019年7月25日	自治州人大常委会	地方性法规	
4	巴音布鲁克草原生态保护条例	2016年1月28日	2016年7月29日批准(2019年5月31日修正)	自治州人大	单行条例	
5	开都河流域生态环境保护条例	2018年12月17日	2019年3月28日	自治州人大常委会	地方性法规	
6	巴音郭楞蒙古自治州物业管理办法	2018年8月24日	2018年12月29日	自治州人大常委会	地方性法规	
7	库尔勒经济技术开发区条例	2018年1月16日	2018年3月30日	自治州人大	单行条例	
3. 博尔塔拉蒙古自治州						
1	博尔塔拉蒙古自治州赛里木湖保护条例	2019年9月25日	2019年11月29日	自治州人大常委会	地方性法规	

续表

序号	法规名称	通过时间	批准时间	制定主体	法规类别	备注
2	博尔塔拉蒙古自治州语言文字工作管理条例	2016年10月17日	2017年5月27日	自治州人大常委会	地方性法规	
3	博尔塔拉蒙古自治州立法程序规定	2015年7月22日	2016年7月29日	自治州人大		立法条例
4. 昌吉回族自治州						
1	昌吉回族自治州城乡人居环境绿化条例	2019年10月28日	2019年11月29日	自治州人大常委会	地方性法规	
2	昌吉回族自治州准东经济技术开发区生态环境保护条例	2019年8月27日	2019年9月20日	自治州人大常委会	地方性法规	
3	昌吉回族自治州乡村治理促进条例(试行)	2019年1月10日	2019年3月28日	自治州人大	单行条例	
4	江布拉克景区保护管理条例	2018年3月16日	2018年9月21日	自治州人大常委会	地方性法规	
5	昌吉回族自治州全民参与公益活动条例	2017年3月6日	2017年5月27日	自治州人大常委会	地方性法规	
6	昌吉回族自治州立法条例	2017年1月7日	2017年3月29日	自治州人大		立法条例

续表

序号	法规名称	通过时间	批准时间	制定主体	法规类别	备注
5. 楚雄彝族自治州						
1	楚雄彝族自治州乡村清洁条例	2020年8月28日	2020年9月28日	自治州人大常委会	地方性法规	
2	楚雄彝族自治州人民代表大会及其常务委员会立法条例	2020年5月16日	2020年7月29日	自治州人大		立法条例
3	云南省楚雄彝族自治州彝族十月太阳历文化保护条例	2019年2月21日	2019年5月16日	自治州人大	单行条例	
4	楚雄彝族自治州城乡特色风貌建设条例	2019年4月29日	2019年5月16日	自治州人大常委会	地方性法规	
5	云南省楚雄彝族自治州彝族服饰保护条例	2019年2月21日	2019年3月26日	自治州人大	单行条例	
6	云南省楚雄彝族自治州彝医药条例	2017年12月29日	2018年5月30日（2022年3月25日修正）	自治州人大	单行条例	
7	楚雄彝族自治州元谋土林保护管理条例	2017年10月24日	2017年11月30日	自治州人大常委会	地方性法规	
8	楚雄彝族自治州城乡规划建设管理条例	2016年10月26日	2016年12月15日	自治州人大常委会	地方性法规	

续表

序号	法规名称	通过时间	批准时间	制定主体	法规类别	备注
6. 大理白族自治州						
1	大理白族自治州人民代表大会及其常务委员会立法条例	2019年2月27日	2019年3月26日	自治州人大		立法条例
2	大理白族自治州乡村清洁条例	2017年2月19日	2017年3月31日	自治州人大常委会	地方性法规	
7. 德宏傣族景颇族自治州						
1	德宏傣族景颇族自治州乡村清洁条例	2019年10月24日	2019年11月28日	自治州人大常委会	地方性法规	
2	德宏傣族景颇族自治州人民代表大会及其常务委员会立法条例	2019年1月15日	2019年3月26日	自治州人大		立法条例
3	云南省德宏傣族景颇族自治州民族教育条例	2018年2月6日	2018年7月26日	自治州人大	单行条例	
4	云南省德宏傣族景颇族自治州艾滋病防治条例	2017年1月13日	2017年3月31日	自治州人大	单行条例	
8. 迪庆藏族自治州						
1	迪庆藏族自治州人民代表大会及其常务委员会立法条例	2020年5月18日	2020年7月29日	自治州人大		立法条例

续表

序号	法规名称	通过时间	批准时间	制定主体	法规类别	备注
2	迪庆藏族自治州古树名木保护管理条例	2020年6月19日	2020年7月29日	自治州人大常委会	地方性法规	
3	云南省迪庆藏族自治州藏医药条例	2018年12月28日	2019年5月16日	自治州人大	单行条例	
4	迪庆藏族自治州香格里拉城市管理条例	2018年7月20日	2018年9月21日	自治州人大常委会	地方性法规	
9. 恩施土家族苗族自治州						
1	饮用水水源地保护条例	2019年11月22日	2020年6月3日	自治州人大常委会	地方性法规	
2	传统村落和民族村寨保护条例	2019年6月5日	2019年9月26日	自治州人大常委会	地方性法规	
3	硒资源保护条例	2018年1月8日	2018年3月30日	自治州人大	地方性法规	
4	酉水河保护条例	2016年9月29日	2016年12月1日	自治州人大常委会	地方性法规	
5	恩施土家族苗族自治州山体保护条例	2016年1月15日	2016年3月30日	自治州人大	地方性法规	
6	恩施土家族苗族自治州人民代表大会及其常务委员会立法条例	2016年1月15日	2016年3月30日	自治州人大		立法条例

续表

序号	法规名称	通过时间	批准时间	制定主体	法规类别	备注
10. 甘南藏族自治州						
1	甘肃省甘南藏族自治州地方立法条例	2019 年 1 月 18 日	2019 年 5 月 31 日	自治州人大		立法条例
2	甘肃省甘南藏族自治州洮河流域生态环境保护条例	2019 年 1 月 18 日	2019 年 5 月 31 日	自治州人大	单行条例	
11. 甘孜藏族自治州						
1	甘孜藏族自治州防震减灾条例	2019 年 1 月 10 日	2019 年 5 月 23 日	自治州人大	单行条例	
2	甘孜藏族自治州生态环境保护条例	2017 年 4 月 25 日	2017 年 9 月 22 日	自治州人大常委会	地方性法规	
3	甘孜藏族自治州立法程序规定	2016 年 1 月 15 日	2016 年 9 月 28 日	自治州人大		立法条例
12. 果洛藏族自治州						
1	果洛藏族自治州人民代表大会及其常务委员会立法程序规定	2018 年 1 月 16 日	2018 年 3 月 30 日	自治州人大		立法条例
13. 海北藏族自治州						
1	海北藏族自治州全域旅游促进条例	2020 年 4 月 1 日	2020 年 6 月 10 日	自治州人大	单行条例	

续表

序号	法规名称	通过时间	批准时间	制定主体	法规类别	备注
2	海北藏族自治州人民代表大会及其常务委员会立法程序规定	2018 年 1 月 17 日	2018 年 3 月 30 日	自治州人大		立法条例
14. 海西蒙古族藏族自治州						
1	海西蒙古族藏族自治州促进枸杞产业发展条例	2019 年 2 月 28 日	2019 年 9 月 26 日	自治州人大	单行条例	
2	海西蒙古族藏族自治州人民代表大会及其常务委员会立法程序规定	2018 年 3 月 28 日	2018 年 5 月 31 日	自治州人大		立法条例
3	海西蒙古族藏族自治州城镇管理条例	2017 年 6 月 27 日	2017 年 9 月 27 日	自治州人大常委会	地方性法规	
15. 海南藏族自治州						
1	海南藏族自治州人民代表大会及其常务委员会立法程序规定	2018 年 1 月 18 日	2018 年 3 月 30 日	自治州人大		立法条例
16. 黄南藏族自治州						
1	黄南藏族自治州草原保护条例	2020 年 3 月 11 日	2020 年 6 月 10 日	自治州人大常委会	地方性法规	
2	黄南藏族自治州人民代表大会及其常务委员会立法程序规定	2017 年 2 月 17 日	2017 年 3 月 31 日	自治州人大		立法条例

续表

序号	法规名称	通过时间	批准时间	制定主体	法规类别	备注
17. 红河哈尼族彝族自治州						
1	云南省红河哈尼族彝族自治州多元化解矛盾纠纷促进条例	2020 年 5 月 19 日	2020 年 6 月 11 日	自治州人大	地方性法规	
2	红河哈尼族彝族自治州大屯海长桥海三角海保护管理条例	2019 年 10 月 23 日	2019 年 11 月 28 日	自治州人大常委会	地方性法规	
3	红河哈尼族彝族自治州蒙自城市管理条例	2019 年 6 月 28 日	2019 年 9 月 28 日（2022 年 5 月 25 日修正）	自治州人大常委会	地方性法规	
4	红河哈尼族彝族自治州人民代表大会及其常务委员会立法条例	2019 年 2 月 23 日	2019 年 3 月 26 日	自治州人大		立法条例
5	红河哈尼族彝族自治州非物质文化遗产项目代表性传承人保护条例	2018 年 4 月 25 日	2018 年 7 月 26 日	自治州人大常委会	地方性法规	
6	云南省红河哈尼族彝族自治州建水燕子洞风景名胜区保护管理条例	2017 年 2 月 25 日	2017 年 3 月 31 日	自治州人大	地方性法规	

续表

序号	法规名称	通过时间	批准时间	制定主体	法规类别	备注
18. 克孜勒苏柯尔克孜自治州						
1	克孜勒苏柯尔克孜自治州立法条例	2018年1月16日	2018年5月20日	自治州人大		立法条例
19. 凉山彝族自治州						
1	凉山彝族自治州民族团结进步条例	2020年6月12日	2020年9月29日	自治州人大	单行条例	
2	凉山彝族自治州艾滋病防治条例	2020年6月12日	2020年7月31日	自治州人大	地方性法规	
3	凉山彝族自治州禁毒条例	2019年1月31日	2019年5月23日	自治州人大	单行条例	
4	凉山彝族自治州立法条例	2017年2月18日	2017年6月3日	自治州人大		立法条例
20. 甘肃省临夏回族自治州						
1	甘肃省临夏回族自治州物业管理条例	2019年2月21日	2019年5月31日（2023年5月31日修订）	自治州人大	单行条例	
2	甘肃省临夏回族自治州人民代表大会及其常务委员会立法条例	2018年1月7日	2018年5月31日	自治州人大		立法条例
3	甘肃省临夏回族自治州旅游条例	2016年11月1日	2017年9月28日	自治州人大	单行条例	

续表

序号	法规名称	通过时间	批准时间	制定主体	法规类别	备注
21. 怒江傈僳族自治州						
1	怒江傈僳族自治州非物质文化遗产保护条例	2020 年 6 月 29 日	2020 年 9 月 28 日	自治州人大常委会	地方性法规	
2	怒江傈僳族自治州人民代表大会及其常务委员会立法条例	2020 年 1 月 20 日	2020 年 3 月 30 日	自治州人大		立法条例
3	怒江傈僳族自治州城乡环境卫生管理条例	2019 年 6 月 30 日	2019 年 9 月 28 日	自治州人大常委会	地方性法规	
22. 黔东南苗族侗族自治州						
1	黔东南苗族侗族自治州㵲阳河流域保护条例	2019 年 4 月 26 日	2019 年 12 月 1 日	自治州人大常委会	地方性法规	
2	黔东南苗族侗族自治州月亮山梯田保护条例	2018 年 10 月 30 日	2019 年 3 月 29 日	自治州人大常委会	地方性法规	
3	黔东南苗族侗族自治州施秉喀斯特世界自然遗产保护条例	2018 年 1 月 9 日	2018 年 8 月 2 日	自治州人大	单行条例	
4	黔东南苗族侗族自治州立法条例	2017 年 2 月 18 日	2017 年 3 月 30 日	自治州人大		立法条例

续表

序号	法规名称	通过时间	批准时间	制定主体	法规类别	备注
23. 黔南布依族苗族自治州						
1	黔南布依族苗族自治州村寨规划建设管理条例	2020 年 1 月 11 日	2020 年 6 月 3 日	自治州人大	单行条例	
2	黔南布依族苗族自治州涟江流域保护条例	2019 年 6 月 20 日	2019 年 12 月 1 日	自治州人大常委会	地方性法规	
3	黔南布依族苗族自治州 500 米口径球面射电望远镜电磁波宁静区环境保护条例	2016 年 7 月 6 日	2016 年 7 月 29 日（2019 年 5 月 31 日修正）	自治州人大常委会	地方性法规	
4	黔南布依族苗族自治州水书文化保护条例	2018 年 8 月 23 日	2018 年 9 月 20 日	自治州人大常委会	地方性法规	
5	黔南布依族苗族自治州民族医药保护发展条例	2018 年 2 月 8 日	2018 年 5 月 31 日	自治州人大	单行条例	
6	黔南布依族苗族自治州天然林保护条例	2017 年 12 月 21 日	2018 年 3 月 30 日	自治州人大常委会	地方性法规	
7	黔南布依族苗族自治州樟江流域保护条例	2016 年 8 月 25 日	2016 年 11 月 24 日	自治州人大常委会	地方性法规	

续表

序号	法规名称	通过时间	批准时间	制定主体	法规类别	备注
8	黔南布依族苗族自治州古树名木保护条例	2016 年 2 月 29 日	2016 年 5 月 27 日	自治州人大	单行条例	
9	黔南布依族苗族自治州立法条例	2016 年 2 月 29 日	2016 年 3 月 31 日	自治州人大		立法条例
24. 黔西南布依族苗族自治州						
1	黔西南布依族苗族自治州民族医药保护与发展条例	2020 年 1 月 22 日	2020 年 9 月 25 日	自治州人大	单行条例	
2	黔西南布依族苗族自治州草地生态畜牧业发展条例	2019 年 1 月 12 日	2019 年 8 月 1 日	自治州人大	单行条例	
3	黔西南布依族苗族自治州古茶树资源保护条例	2016 年 10 月 27 日	2017 年 9 月 30 日	自治州人大	地方性法规	
4	黔西南布依族苗族自治州城乡规划建设管理条例	2016 年 5 月 10 日	2016 年 11 月 24 日	自治州人大	地方性法规	
5	黔西南布依族苗族自治州立法条例	2016 年 5 月 10 日	2016 年 9 月 30 日	自治州人大		立法条例

续表

序号	法规名称	通过时间	批准时间	制定主体	法规类别	备注
25. 文山壮族苗族自治州						
1	文山壮族苗族自治州人民代表大会及其常务委员会立法条例	2018 年 1 月 18 日	2018 年 3 月 31 日	自治州人大		立法条例
2	云南省文山壮族苗族自治州文山国家级自然保护区管理条例	2016 年 3 月 16 日	2016 年 5 月 27 日（2019 年3 月26 日修订）	自治州人大	地方性法规	
3	文山壮族苗族自治州河道管理条例	2022 年 11 月 11 日	2022 年 11 月 30 日	自治州人大常委会	地方性法规	
4	云南省文山壮族苗族自治州广南坝美旅游区管理条例	2016 年 3 月 16 日	2016 年 5 月 27 日	自治州人大	地方性法规	
26. 湘西土家族苗族自治州						
1	湘西土家族苗族自治州农村村民住房建设若干规定	2020 年 8 月 28 日	2020 年 9 月 25 日	自治州人大常委会	地方性法规	
2	湘西土家族苗族自治州生物多样性保护条例	2020 年 6 月 22 日	2020 年 7 月 30 日	自治州人大常委会	地方性法规	

续表

序号	法规名称	通过时间	批准时间	制定主体	法规类别	备注
3	湘西土家族苗族自治州人民代表大会及其常务委员会制定地方性法规条例	2020 年 5 月 15 日	2020 年 6 月 12 日	自治州人大		立法条例
4	湘西土家族苗族自治州传统村落保护条例	2019 年 2 月 28 日	2019 年 3 月 28 日	自治州人大	单行条例	
5	湘西土家族苗族自治州气象灾害防御条例	2018 年 12 月 25 日	2019 年 1 月 20 日	自治州人大常委会	地方性法规	
6	湘西土家族苗族自治州边城历史文化名镇保护条例	2018 年 8 月 27 日	2018 年 9 月 30 日	自治州人大常委会	地方性法规	
7	湘西土家族苗族自治州浦市历史文化名镇保护管理条例	2017 年 10 月 30 日	2017 年 11 月 30 日	自治州人大常委会	地方性法规	
8	湘西土家族苗族自治州酉水河保护条例	2017 年 1 月 9 日	2017 年 3 月 31 日	自治州人大	单行条例	
9	湘西土家族苗族自治州白云山国家级自然保护区条例	2016 年 10 月 27 日	2016 年 12 月 2 日	自治州人大常委会	地方性法规	

续表

序号	法规名称	通过时间	批准时间	制定主体	法规类别	备注
10	湘西土家族苗族自治州高望界国家级自然保护区条例	2016年2月28日	2016年5月27日（2019年5月30日修改）	自治州人大	单行条例	
27. 西双版纳傣族自治州						
1	西双版纳傣族自治州人民代表大会及其常务委员会立法条例	2020年5月17日	2020年7月29日	自治州人大		立法条例
28. 延边朝鲜族自治州						
1	延边朝鲜族自治州气候资源开发利用和保护条例	2017年1月11日	2017年6月2日	自治州人大	单行条例	
2	延边朝鲜族自治州立法规定	2017年1月11日	2017年3月24日	自治州人大		立法条例
3	延边朝鲜族自治州天然矿泉水水源环境保护条例	2016年1月14日	2016年5月27日（2020年6月5日修正）	自治州人大	地方性法规	
29. 伊犁哈萨克自治州						
1	伊犁哈萨克自治州绿化管理条例	2019年10月30日	2020年5月14日	自治州人大常委会	地方性法规	
2	伊犁哈萨克自治州乡村清洁条例	2018年8月26日	2019年11月29日	自治州人大常委会	地方性法规	

续表

序号	法规名称	通过时间	批准时间	制定主体	法规类别	备注
3	伊犁河谷生态环境保护条例	2018年6月23日	2018年11月30日（2022年5月27日修正）	自治州人大常委会	地方性法规	
4	伊犁哈萨克自治州渔业资源保护条例	2018年6月23日	2018年11月30日	自治州人大常委会	地方性法规	
5	伊犁哈萨克自治州立法条例	2017年2月20日	2017年5月27日	自治州人大		立法条例
6	塔城市河流生态保护条例	2017年4月25日	2017年7月28日（2022年7月29日修订）	自治州人大常委会	地方性法规	
7	库鲁斯台草原生态保护条例	2017年4月25日	2017年7月28日（2022年7月29日修订）	自治州人大常委会	地方性法规	
8	伊犁河谷新疆黑蜂资源保护条例	2017年2月20日	2017年5月27日	自治州人大	单行条例	已废止
9	吉木乃县萨吾尔山冰川水资源保护区域管理条例	2016年2月25日	2016年5月27日（2018年5月20日修订）	自治州人大	单行条例	
30. 玉树藏族自治州						
1	玉树藏族自治州城镇管理条例	2020年4月24日	2020年7月22日	自治州人大常委会	地方性法规	

续表

序号	法规名称	通过时间	批准时间	制定主体	法规类别	备注
2	玉树藏族自治州石刻文化保护管理条例	2019 年 6 月 24 日	2019 年 9 月 26 日	自治州人大常委会	地方性法规	
3	玉树藏族自治州人民代表大会及其常务委员会立法程序规定	2018 年 1 月 16 日	2018 年 3 月 30 日	自治州人大		立法条例
4	玉树藏族自治州民族团结进步条例	2017 年 2 月 24 日	2017 年 6 月 2 日	自治州人大	单行条例	

说明：表格数据全部来自北大法宝和各自治州人大官网，按照自治州名称的首字母音序排列。统计起始时间为各州获批地方性法规制定权的当天，截止时间为 2020 年 12 月 1 日。由于本表统计的是地方立法权扩容后自治州人大及其常委会新制定的自治条例、单行条例和地方性法规的数量，因此，没有计入立法权扩容之前自治州人大及其常委会所制定条例的修改及其发布的相关决议、决定。

后　记

我对立法问题关注已久，但真正踏入这个研究领域，是在2013年9月从重庆工商大学调至湖北民族大学法学院任教之后。2015年3月，《立法法》修改、地方立法权扩容至所有设区的市和自治州，这是中国立法史上具有重要意义的一个时间节点。我与立法实务结缘，也始于2015年参与起草《酉水河保护条例》，继而又因各种机缘不同程度地参与了多部法规的立法工作。在上述立法研究与实践基础上申报的“地方立法权扩容对民族自治地方立法的影响及对策研究”，于2017年6月获批国家社科基金一般项目。2019年9月，恩施州人大常委会与湖北民族大学合作成立恩施州立法研究与人才培养基地。本书即是在国家社科基金和恩施州立法基地的支持下，对自己近年来就地方立法问题所作思考的记录。

对民族自治地方自治立法机制的思考，来自对《恩施土家族苗族自治州自治条例》修订过程的考察。该自治条例的修订程序于2003年正式启动,直到2008年11月,才获湖北省人大常委会批准,恩施州与湖北省政府、省直部门之间的争议过程漫长而复杂。根据后来查阅到的档案资料,争议主要集中在基础设施项目配套资金、矿产资源补偿费、新增建设用地土地有偿使用费、林业规费、水资源费的分配问题上。上述过程是民族自治地方自治立法过程的一个缩影,反映出民族自治地方与上级国家机关之间的权限争议解决机制的欠缺。遗憾的是,2015年修改的《立法法》并未对自治立法机制作出改进。在《民族自治地方自治立法权的保障》[载《法学》2015年第9期(CSSCI)]一文中,我对上述问题作了系统阐述。

关注到自治立法权与地方性法规制定权关系问题,是因为参与了《酉水河保护条例》的起草。2015年年初,恩施州、湘西州启动单行条例《酉水河保护条例》的合作立法。在2015年9月举行的第一次立法联席会议上,两个自治州相约将《酉水河保护条例》改为地方性法规。2016年12月,湖北省人大常委会批准了以地方性法规方式制定的《酉水河保护条例》。湘西州则因立法计划发生变化,最后以单行条例方式制定了《湘西土家族苗族自治州酉水河保护条例》。恩施与湘西两个自治州《酉水河保护条例》的合作立法,在文本内容上"求大同、存小异",是民族自治地方协作立法的一次成功尝试,同时也因条例出台方式的几次调整,将民族自治地方两种立法权的关系问题"暴露"出来。在我与戴小明教授合作的《区域立法合作的有益探索与思考——基于〈酉水河保护条例〉的实证研究》(载《中共中央党校学报》2017年第2期)一文中,将该问题提出。在博士后出站报告基础上修改出版的《中国区域合作中地方利益协调机制研究》(中国社会科学出版社2017年版)一书中,对上述问题进行分析。随着研究的深入,我又陆续发表《民族自治地方立法权的合理配置探析》(载《学术交流》2017年第2期)、《论民族自治地方自治立法权与地方性法规制定权的合理配置与规范运用》(载《政治与法律》2020年第7期)等文,为两种立法权的合理配置与规范运用提供思路。

研究设区的市、自治州地方性法规制定机制,缘于 2018 年至 2019 年接受委托主持起草《饮用水水源地保护条例》。在包括该条例在内的地方性法规制定过程中,各省级人大常委会从制订立法计划、立法草案审议到最后的文本审查批准,几乎是进行全过程控制的。上述审批机制导致设区的市、自治州不得不花大量的时间和精力与省级人大常委会相关部门进行沟通。省级人大常委会对本省范围内设区的市、自治州地方性法规的投入也成为“无底洞”。根据《宪法》《立法法》的相关规定,省级人大常委会对设区的市、自治州地方性法规的审查批准权应当遵循法定范围和标准。针对上述问题,我撰写了《省级人大常委会对设区的市地方性法规审批权的界限》(载《法学》2020 年第 4 期)一文,对省级人大常委会审查批准权的基本原理和完善路径进行阐释。

以上述研究成果为基础,本书对立法权扩容前后的地方立法状况进行了全面考察,试图系统阐释地方立法机制及立法权的变迁过程及理论基础,对立法权扩容后地方立法权的合理配置与规范运行提出对策建议。当然,生活之树常青,立法实践中不断有新问题出现,对地方立法的关注和研究也应与时俱进,本书且作漫漫为学路上一次小小的回顾与展望,抛砖引玉,求教于方家。

本书撰写过程中,得到理论界和实务界诸多师友的关心和帮助。首先要感谢现任中共中央党校(国家行政学院)全国党校(行政学院)教师进修学院院长的戴小明教授。他是我大学时的老师,也是我人生的引路人,不仅在任湖北民族大学校长时指引我开启了职业生涯新平台,也为本书贡献了许多真知灼见。感谢华东政法大学童之伟教授对本书所涉省级人大常委会审批权问题的建议。他是我读博时的导师,也鞭策我在学术道路上不断前进。感谢西南政法大学许明月教授对本书所涉区域协作立法问题的建议。他是我博士后合作导师,一直鼓励我深入田野,让研究成果言之有物、有的放矢。感谢中南民族大学潘红祥教授、西南民族大学田钒平教授、丽水学院黄元姗教授认真阅读本书初稿并提出宝贵建议,3 位教授于我亦师亦友,让我在原本漫长而枯燥的学术生涯中拥有“吾道不孤”的踏实与幸福。感谢中南民族大学雷振扬教授,中国社会科学院陈建樾教授,原浙江省人大法制委员会丁祖年主任,云南大学沈寿文教授、张殿军教授,中央民族大学郑毅副教授、中南民族大学陈蒙老师在各种学术交流场合对我的提点和启发。感谢《法学》月刊编辑部郭海清,《政治与法律》编辑部姚魏,《中南民族大学学报》编辑部彭建军,《学术交流》编辑部杜娟、余明全,《湖北民族大学学报》编辑部刘伦文主任、陈沛照等师友对本书所涉观点的批评和建议。感谢我曾经的学生、浙江省人大常委会法工委办公室余文斌对本书提供的素材和建议。感谢恩施州人大常委会陈学明副主任,恩施州人大常委会法制工作委员会吕世安主任、庞青云副主任、谭艳军副主任,恩施州人大常委会法规研究室邓明才主任,恩施州生态环境局杨绪敏副局长、邓坤副局长,恩施州水利局覃涛副局长,恩施州司法局张俊副局长、张娅琴科长对本书调研和写作提供帮助。感谢我们立法团队汪燕教授、李文革副教授、李妍辉副教授、郑洲蓉副教授、李勇副教授、向晶老师等亲爱的伙伴们的帮助和支持。本书得以出版,还要感谢武汉大学秦前红教授的推荐,感谢法律出版社法治与经济分社的沈小英分社长与任娜、黄筝、程王刚等编辑付出的辛劳。

出于个人兴趣,生命中大部分时光都在读书。然为学之道,正如陆放翁所言:“古人学问无遗力,少壮工夫老始成。纸上得来终觉浅,绝知此事要躬行。”回顾这些年的思考历程,偶有所得,除了读书,都与自己参加的立法实践密切相关。生也有涯,学海无涯,若能坚持将学术之根扎在大地上,将研究做在大地上,余愿足矣。